保阪正康
HOSAKA Masayasu

昭和史の本質

良心と偽善のあいだ

857

新潮社

本文中、引用部分に適宜ルビを付した。

まえがき

青年期、壮年期に何かことを成しても老年期の生き方でそれが正当に評価されないことは、よくあることである。人生のある時期のエネルギーは、何もその人の人生の軌跡すべてに溢れるわけではない。いや、むしろ人生の晩年を冷たく見つめる目の中に、本質が、真理があるのかもしれない。

なぜそんなことを言うかといえば、永井荷風について書かれた作家、評論家たちの一文を読んで、そういう印象を持ったからである。荷風が市川の自宅で孤独な死を迎えたのは、昭和三十四年四月三十日である。雑然とした部屋にはボストンバッグがあり、そこには三千万円を超える預金通帳やらがあったと言うが、血を吐いて生を終えたこの文豪に後進の作家、評論家たちは様々な思いの一文を書いている。その一文は今では『荷風追想』（多田蔵人編）と題する書（岩波文庫）で確かめることができる。

その中には遠慮会釈のない追想もある。例えば石川淳が書いた追悼文（『新潮』永井荷風追悼特集、一九五九年七月号）などがそうなのだが、石川は荷風の青年期、壮年期の文学活動には評価を与えつつも晩年について冷徹な見方を示す。荷風の風変わりな生活についていては耳にするだけだったと書いた上で、「そのまれに書くところの文章はわたしの目をそむけさせた。小説と称する愚劣な断片、座談速記なんぞにあらわれる無意味な饒舌、すべて読むに堪えぬもの、聞くに値しないものであった」と酷評している。戦時下に荷風はある矜持を持って文学を守り、自らの精神を守ったと讃える。晩年は何を守ったのか、とも問う。

私は荷風の愛読者として、石川の評は酷だと思う。半面で石川をしてこう語らしめる荷風の姿があったということだ。むろん荷風は己の生き方に他者がいかように判断しようと、それは知ったことではないとの覚悟があったであろう。一人の小金をためた老人が気の向くままに風来坊のごとくに生きた晩年は、確かに吝嗇《りんしょく》で、好色で、そして誰にも心を許さない。その荷風を往年のイメージと被せてはいけないというのが、石川の本意と考えれば、私たちは人の生きる姿を一本の直線と考えることの難しさを知ることになる。

本書は作家、評論家の作品の中の一節（できうる限りその作品のテーマに沿った一節と言いたいのだが）を抜き出して、それに関わる昭和史の史実などの見方と重ね合わせてみようとの思いで編んだ書である。こういう試みは作品の中の一節が、ある書ではテーマになるにしても、一般的な表現としてどこまで敷衍《ふえん》できるのか、といった意味もあるように思う。

奇妙な試みと言っていいかもしれないが、こうした手法の方が存外に歴史の本質に近づくことができるように思う。文学作品に触れるときの楽しみは自らが気に入った一句、一節、一文に出会うときである。ごく自然に頭に入ってくるそれらの表現との出会いに私たちは興奮する。本書をそうして編まれたという関心で読んでもらえたらと思う。

昭和史の本質
良心と偽善のあいだ……目次

一　昭和の戦争とは何だったのか

――自己ハ過去ト未来ノ一連鎖ナリ（夏目漱石）

親の為か、自己の為か、子の為か

夏目漱石の「日記」、「断片」（いずれも大正十三年の『漱石全集』岩波書店版に収録）を読むと、漱石の人生観や歴史観など多様な側面がわかってくる。私はむろん漱石の文学作品も読むが、ある年齢（老いてからと言ってもいいのだが）からはこの日記や断片という名で綴《つづ》ってあるその心情にふれるのが楽しみになった。含蓄深いこと、本質を衝《つ》いていること、そしてあまりにも人間的だからである。

折々に書き残したものを明治三十九（一九〇六）年にまとめた「断片」は、文学者として出発してまもないころのその心情がよく吐露されている。たとえば「同時代ノ人カラ尊敬」されるのは実に簡単だとして、それには然るべき一族に生まれればいいとか、華族、金持、権勢家に「生レ、バヨイ」というのである。これらの家族に生まれればすぐに尊敬されると言ったあとに、「然《シカ》シ百年ノ後ニハ誰モ之《コレ》ヲ尊敬スル者ハナイ」と書き、そして「是等《コレラ》ト同等ニ尊敬サレル様デハ到底後世ニ尊敬サレル訳ガナイ」と断じている。華族とか金持ちなどと同様にいまの社会で尊敬されているようでは、後世にもその尊敬が伝えられるわけがないというのだ。

この「断片」の中で「自己ハ過去ト未来ノ一連鎖ナリ」といった表面上の動きをとりあげ、過去をそのまま未来に送りこむ者を旧派と言い、未来を過去より救う者を新派と称すると指摘する。自分の中に過去などないとの言は、両親がいないという意味になる。自分には未来はないと言ったなら、それは子供を持つ資格がないとの意味になるというのだ。実は、過去と未来の一連鎖とは、「ワレハ親ノ為ニ生存スルカ」との意味か、「ワレハ自己ヲ樹立センガ為メニ生存スルカ」、あるいは「ワレハ子ノ為メニ生存スルカ」の三点が問われているともいうのである。漱石が、この時代の知識人の生き方を具体的に問うた一文ともいえる。

漱石に文学上の才能を認められた芥川龍之介は、紀行文も幾つか発表している。その紀行文は芥川の感性をよく示していて、ささいな描写に己が一連鎖の役を果たす内容なのである。大正七年に大阪毎日新聞に書いた「京都日記」なども、そのような系譜といっていいであろう。

人力車に乗って宿に向かう。人力車の車夫がその宿についたと言っても、芥川にはそう思えない。その辺りを捜すが、結局自分が錯覚しているのは「竹藪」のためだと気づく。そして京都の竹は不思議な存在だと書く。次のようにである。

「京都の竹は、少しも剛健な気がしない。如何にも町慣れた、やさしい竹だと云う気がする。（中略）これなら町中へ生えていても、勿論少しも差支えはない」

竹に託して言いたかったことは、京都という町が竹を利用しながら、人々の生活空間を巧みに分けて、プライバシー（芥川の存命していた時代には存在しなかった概念だが）を尊重している智恵である。この町はひとつの生命体と化して、過去と未来を巧みに融合させているとの意味になるであろうか。

空虚な国家像の時代

これは私の体験になるのだが、昭和四十年代後半から五十年代初めにかけて、国会図書館に通いつめてよく明治時代の書を読んだ。帝国図書館所蔵の書である。そんなときなにげなく目録を見て請求したら、筆で書かれた一冊の冊子が出てきた。西日本のある藩の下級武士が明治十三年に政府に宛てた建白書の類いであった。その内容は軍隊をつくるにあたっては、とくに性病に注意されたい、幕末われわれの藩でも性病に罹《かか》る者が多く、著しく風紀が乱れたとあった。この思いを建白書に綴ってあり、軍事指導者への提言でもあった。やむにやまれず書いた思いがその冊子にはこめられていた。

この冊子は明治期に帝国図書館に所蔵されることになったときのまま、つまりほとんど他人の目にはふれていなかったのである。九十年近くを経てこの冊子を見て感動したのは、まさにほとんどの人に黙殺された書が帝国図書館、国会図書館の書庫に眠っていたその時間の深さを通して、私は「過去」に出会っていて、私の手で未来につなげようとの試みができる喜びによるものだった。

蒐書家《しゅうしょか》の喜びの言にふれることはあるが、それはこの楽しみを密かに味わっているとの意味が含まれていたのだ。

逆説的な言い方になるが、太平洋戦争前の日本社会はきわめて精神的で空虚な国家像が語られた。とくに昭和十年代は「戦争の十年」でもあり、この期間に空虚ともいうべき国家像が高等小学校、旧制中学などで公然と教えられた。学校教育で勅語を教えられるだけでなく、一般の市民も巻き込んで「戦時美談をつくりあげる絵本」も大きく部数を伸ばした。こうした美談の中には、マンガを使っての『忠勇美談』として、爆弾三勇士（上海事変時の兵士）もとりあげられている。中国軍の鉄条網に三人の日本兵が銃撃もいとわず飛びこんでいきそこに通路をつくり、日本兵が中国に入ってきて、制圧地域をふやしていったというのである。

この三勇士たちは大本営からも賞賛されるが、わが身を何度もぶつけていって鉄条網を破ったのはこの時代の「英雄」の姿と理解されることになった。つまり未来永劫、この国の英雄であってほしいと軍事指導者たちは願っている。一連鎖の役を果たすはずだった。しかし、そうはなっていない。同時代は英雄にしても、歴史はそこまでは約束していないというケースである。つまり過去と未来の連鎖の役割を果たすにもそれだけの条件があるといえるのだ。

夏目漱石が前述の「断片」の中で言っているのだが、過去と未来の一連鎖の役を果たすには、究極には誰のために生きるのかが問われるというのだ。人類史の中にある文藝復興は、親のために生存することを含めての復興ということになる。そして自分のために生存した人たちとして、「ニーチェ、ブラウニング、キプリング」なども同じというのだから、こういう人たちは自らにある役割を与え、それが将来につながればいいとの考えの持ち主という意味になるのかもしれない。漱石自身もそのようなタイプであろうとしたのではないか——。

己のために生きた政治家

俗な言い方になるが、人びとは自らの名を歴史に刻みたいとの思いを誰もがもっているといっていい。むろんその志の大きい人、小さい人、さまざまであろう。ある著名な代議士と話していたら、彼がつくづくという想いで呟いた台詞がある。

「政治家というのは心理的には皆異常ですね。自分のポスターを貼り、名前を連呼し、それは心理的な病《やまい》なのになぜと問われれば、結局は歴史の中にどんな形であれ、名を残したいからで。でなければやってられないでしょうね」

漱石流にいうのなら、はたして百年後に名を残している人がどれだけいるか、それはわからないといえるし、それほど甘いものではないということになる。

歴史に名を残すという意味では、たとえば大正期の政治家である内田信也や加藤高明は憲政の側にいて、それなりに政治家としては名を残している。内田信也は事業を成功させたこともあり、なんでもカネで処理しようとするタイプと謗《そし》られることもあった。

しかし、それにもまして二人の名に傷がつく出来事があった。これは加藤秀俊編の『明治・大正・昭和世相史』に書かれているが、次のような事件である。この書からの引用である。

「衆議院で『珍品問題』起こる（普選運動をおさえるとの条件で、船成金・内田信也から加藤高明憲政会総裁が〝五万円〟もらい、領収書に『珍品五個』と書いたのを暴露されたもの、世間の物笑いとなる）」

この珍品問題によって、内田も加藤もその政治家としての節度は決して潔白というわけではなく、かなり複雑な思いで歴史に残ったということになろう。誰のために生きるか、政治家なら国民のためにとなるはずだが、二人は己のために生きたと評されることになるのだろう。

つけ加えておけば、平成の政治家の中で、「国民のために生きる」と言って、過去の教訓を生かしてそれを未来につなげて、自らの身を一連鎖とする人物はどれほどいるだろうか。あえていえば巧言令色鮮《すくな》し仁というタイプばかりだと断定しておきたい思いである。平成という時代は平成三十一年四月三十日をもって終わった。そろそろ平成論という時代枠が描かれるだろうが、歴史に名を残す（功罪を含めて）のは五指を超えるであろうか、といいたくもなる。数えてみたいほどだ。

私は平成という時代を語るには、幾つかのキーワードがあると考えているが、そのひとつに「政治」という語を重ねている。平成六年の法改正により、日本社会は小選挙区(比例代表並立)制となった。これによって日本では戦後が始まって以来初めて、小選挙区による勝者が当選者となった(比例制を導入しているので単純な小選挙区ではないが)。その結果、政治家の質が著しく劣化した。過去も見ないし、過去に学ぼうとしないから、未来への展望も開けない。ひたすら己のための選挙で、あたかも有権者の姿など想定していないように見受けられる(国会での与党質問の陳腐さがそれを裏づけている)。

戦争を知らない旧派の歴史観

これは幕末の話なのだが、師走の江戸の街には、奇妙な集団があらわれた、という。「貧窮組」という旗を押したてた一団、といっても男女数百人というのだが、街中を練り歩き、角々に大釜を据える。町内の金持ちの家から米やおかず、お金をもらっておかゆを炊き食べるのだそうだ。そして次の町内へとでかけていく。別にこの年は不況でも景気が悪いというわけでもない。この貧窮組はねずみ算式に各地にと広がっていく。とくに盗っ人や遊び人ではなく、ふつうの庶民である。しかしどの家も協力的ではない。幾つもできる貧窮組はやがて金持ちの家を襲うことになる。逆にこれらの「デモ隊」に米を二俵もだす鰻屋もいれば、とにかく鍵をかけてやりすごそうとする商家もある。するとと打ち壊しになる。暴力の程度が時間と共に激しくなる。幕府も初めは弾圧しないが、打ち壊しが激しくなると町内に小屋をつくり、貧窮人に米を渡してその動きを抑える。

このエピソードは何を語っているか。幕府は貧窮組の動きを大目に見ることで、暴力的に行われる富の分配について温情的にふるまい続けるのだ。江戸時代にはこうした形での年末の富の分配が頻繁に行われていたとするなら、まさに過去と未来のつながりを富の再分割ということで許容していたように思えるのだ。こういう形の中に、人は（ここでは幕府の権力はとなるが）時代をつなぐ連結の役目を担っているとの自覚をもつのだろう。

実は昭和の戦争は、過去と未来の一連鎖である。そのような視点で考えてみると、太平洋戦争のときの思想や政治システムを未来の中に送りこもうとするのは旧派であり、この思想や政治システムの誤りを正し、それを未来の日本の正道に戻すことを新派という。漱石の指摘にならえば、そういうことになるだろう。私は新派でありつづけたいと思う。しかしそれは私個人の問題である。

ところが旧派の人びとの論を聞いていると、戦争の実態を知らない。いや知ろうとしない。私たちは改めて、太平洋戦争下で自らの体を兵器としてさしだして、そして死んでいった学徒の特攻隊員たちの手記を読むべきだ。彼らの体のひとつひとつが、過去と未来の一連鎖として、われわれの目の前にある。「私は明確に言えば、自由主義にあこがれていました。日本が真に永久に続くためには自由主義が必要であると思ったからです」(上原良司・慶應義塾大学学生、特攻隊員として昭和二十年五月十一日に戦死)という言葉が漱石の言葉と重なって、今、私たちの耳に響いてくる。

二　日本の政治家には二つの顔がある
――森林太郎として死せんと欲す（森鷗外）

昭和八年＝ファシズム元年の永井荷風

永井荷風の『断腸亭日乗』をしばしば手に取る。軍国主義到来の時代、あるいは窒息状態のときに、この日記には自由人としての誇りがそのまま記されている。大仰な言い方かもしれないが、ファシズム下で人はいかに自由な精神を持続できるか、そのことを教えてもいる。

とはいっても荷風は、なんらかの形で官憲の弾圧を受け、この日記を押収されたならとの不安もあったのだろう。日記それ自体は下駄箱に隠すなどして目につかないように気をつかっていたようだ。

昭和八年は昭和の年表の上ではさして大きな事件はない。前年の五・一五事件、三年後の二・二六事件などの年に比べると、目立った動きは書かれていない。しかし、この年こそファシズム元年だったと私は思う。五・一五事件の被告への温情判決、国際連盟脱退、第四期教科書改訂（軍部の介入により軍国主義化していく）、共産党員の大量転向など、昭和十五年のファシズム体制完整へのスタート地点に立った事件、事象がある。

この年十二月十七日の日記に、荷風は「晴れて風寒し。終日鷗外遺珠を読む」と書き、この書の目次などを日記に筆写している。そのうえでこの書に掲載されている森鷗外の「臨終口授」を全文書き写している。

自分の墓碑に、「余は石見人《いわみのひと》森林太郎として死せんと欲す」との遺言を伝えているのだ。よけいなことは一切書くな、「宮内省陸軍皆縁故あれども生死別るゝ瞬間あらゆる外形的取扱を辞す」とあり、本名の森林太郎とだけ刻めばそれでよしというわけだ。これを守ってほしい、との強い意思、それこそが遺言の骨子であった。

森鷗外のこの潔《いさぎよ》さは、所詮人間はあの世まで肩書きを誇る動物ではなく、それにこだわるような連中は相手にするなと言わんばかりである。人間、死ぬときは裸で充分、あれこれ飾ったところで、死を免れるわけではないとの意味も込めていると言ってもいいのだろう。

荷風の面白いところは、昭和八年師走にこのような心境に達したにもかかわらず、続いて書いている十二月三十一日には、ある女性が訪ねてきて「五十円貸してくれ」と頼まれたと言い、これまで何の関係ももたない女から借金を申し込まれたことはないのにと書く。押し問答の末、車賃一円を与えた。「これも現代の人心悪化せし一例なるべし」というのである。荷風にとって、一度も関係をもったことのない作家志望の女性の厚かましさに言葉がないといった風情なのである。

つまり「永井壮吉」（荷風の本名）には、なかなかなれないといったところか。

恥をかく自伝、感動させる自伝

もう三十年ほど前になろうか、『新潮45』で「自伝の書き方教えます」という連載をしたことがある。各界のあらゆる人たちの自伝や回想録を読んで、どのような自伝が人を感動させるか、どのような点が感激を与えるのか、といった分析を試みたのである。このときに読んだ自伝の中で今なお十冊余が印象に残っている。私の人生の指針にもなった。逆に、人を感動させない自伝、回想録には幾つかの共通点があるとも気づいた。やたらに自賛をくり返すのがその筆頭だ。中には頁を開くなり、勲何等をもらったとか称して、その得意気な写真が出てくるのもある。こういう本は、末代まで恥をかく。というのは誰彼なしに送ったのであろうが、それがすぐに古本屋に売られて山積みになっていたりするからである。

なんのことはない。著者の自賛本は時間を超えて笑いものになっていくわけだ。

さて私がもっとも印象に残ったのは、ミヤコ蝶々の自伝（『おもろうて、やがて哀し。』）である。学校にも満足に通えなかったために漢字も充分に書けないというのだが、とにかくこの自伝はユニークだ。戦後すぐが二十二歳であったり、二十五歳であったりする。つまり記述のひとつひとつが正確ではないのだ。それに不満を感じながらも読み進むうちに、あることがわかってくる。

そうなんだ、この女性の戦後すぐの記憶が二十二歳であったり二十五歳であるのは、不思議でもなんでもない、彼女の意識や記憶は二十二歳のときの戦後もあるし、二十五歳のときの戦後もあるということになる。ただひたすら時代と、舞台と、そして男性と闘いながら生きてきた人生には、一般の常識などは必要ではない、まっすぐに突き進んで生きてきたその姿が、まさに自伝なんだと、読者も気づくのである。名誉や肩書きなどはそのあとを追いかけてきたにすぎない、といっていいのだろう。

歴史の中の虚像と実像

森鷗外ではなく森林太郎とだけ碑には記せよ——という言を聞くと、私は写真家のロバート・キャパにイメージがつながっていく。キャパは二十世紀最高のカメラマンと私は評すべきだと思う。その写真集には、月並みな表現になるが、時代に、ときに戦争にふり回される庶民の姿が具体的に刻まれている。キャパは一九五四年四月に毎日新聞社の招待で来日しているが、約三週間の滞在期間中に、すぐれた写真を残している。

東京のどこかの駅のホームに三人の女の子（いずれも四、五歳）が手をつないで立っている。父親が帰ってくるのを待つのか、あるいは電車が着くのを待つのか、三人の眼がきれいである。キャパはこの三人の女の子が行儀よく立っているところに、そのころの日本の落ち着きや日本人の行儀の良さを強調したかったのかもしれない。まさに何の形容句も必要でない日本の「素」の姿がそこにある。本物の芸術家はある断面を切りとってもそこに「真実」を見てしまう。それが私たちを感動させるのだろう。

キャパの本名はアンドレ・フリードマンというのだが、一九三四年にパリで恋人とともにアメリカ人写真家ロバート・キャパという人物をつくりあげ、キャパの名でメディアに写真を売りこむ。しかしこの企みは見破られたために、自身がキャパを名のることになった。今、キャパの碑がアンドレ・フリードマンとなっているか否かは定かではないが、それにしてもキャパとフリードマンの関係は、実像と虚像ということになる。

日本の政治家は、二つの顔をもっているように思う。国民の前に立ってその所信を披瀝する、あるいは国策を進める、いわば政治家としての顔だ。そしてもうひとつは、人間としての顔だ。わかりやすくいえば前者が「森鷗外」、後者が「森林太郎」となろうか。

吉田茂はむろん「森鷗外」より「森林太郎」のほうがユニークだ。だから歴史に名を残しているともいえる。その種のエピソードも幾つかある。吉田は「鳩山は病人だから首相に向かない」とか国会の答弁席でいらだって「バカヤロー」と言ったこともあるが、「吉田には舌足らずのところがあるのは入れ歯のせいだ」との説があった（『政治記者の目と耳』政治記者OB会）。実際、破顔一笑したときの吉田の口からは、金歯がきらきらしていたと政治記者は書く。その入れ歯のせいか、電話が嫌いだった。電話をするかわりにすぐに手紙を書いたのもそのためだったのだとか。吉田茂と電話で話した相手は、まったく別の滑舌《かつぜつ》の悪い吉田の姿に触れたことになる。

近衛文麿首相は、昭和十六年十月当時の日米交渉の折り、陸軍大臣の東條英機から対米戦争を辞せずとの圧力を受け続ける。最終的に内閣を投げだすのだが、その理由を近衛の秘書官だった細川護貞は、「実はあのころ近衛さんは痔がひどくて椅子にゆったりと座ることもできなかった。その痛さに耐えきれないこともあった」と証言していた。これは私への直話だったが、それを聞いて私は、思わず近衛退陣の原因は「痔だったのか」とつぶやいたものだった。

こういう話を聞くと、あのころの（つまり日米開戦前）近衛の姿は、仮の姿であったのか、と同情したくなる。もともと肩書きをとったとしても、近衛という姓はそれ自体五摂家の筆頭であり、名前そのものが出自や身分をあらわしている。それだからこそ近衛には個人の顔はありえないことになる。日本社会でも稀有の人物というのがやはり存在するのである。

議会自体が「院外団」化した歴史

これも政治記者の語っているところだが、西郷吉之助という国会議員が昭和期に世に出ていた。西郷隆盛の孫というのだから選挙区はむろん鹿児島、選挙も強い。とくに祖父の銅像の前に立って、選挙演説を行うと得票数は大きく伸びたそうだ。政治力や政策よりも、銅像がなによりもの支えだったということか。「祖父はありがたいものだ——という冷やかしの評判が耳に残っている」と熊倉正彌という朝日新聞の政治記者が書いている。

昨今の国会では、二世、三世議員がバッコしているのだが、考えてみればこれは当人の政治能力よりも父、祖父などの銅像や地盤を受け継いで当選したにすぎない。それをはねのけるには相応の勉強と人心掌握、それに人間的魅力を増すよう努めなければならないが、その努力なしで議場に座っているだけでは、単なる員数合わせの要員ではないか。いや、すでにそうなっていると断じてもいいかもしれない。

自らを世間の常識と一線を画した形で語る人物は、単に風変わりというだけでなく、そこに独得の人生観がある。昭和の宮中人脈になるのだが、貴族院の書記官長、そして昭和天皇の侍従次長などを務めた人物に、河井弥八がいる。堅苦しい肩書きをもっているとはいえ、なかなか話し好きの面白い人物だったというのである。

そのユニークさは、他人に年齢を問われると、六十歳とか六十三歳といった形で答えるのではなく、自分は二万何千何百何日生きていると答えるそうな。つまり毎日、自分の生まれた日に一日ずつ加えているわけだ。そのことを知っている新聞記者の中には、毎日会うたびに「今、何日生きていますか」と尋ねていた者もあったのだという。このような日齢の時間で答える者は、まるでお経を唱えるようなもので、日々の気持が新たになっていったことだろう。

河井は貴重な日記を残しているのだが、それは昭和史研究には欠かせないほどの重みがあるとされている。ところが河井の日記は、大きく報じられない。その理由としては、この年齢の数え方に起因するのではないかと思われるのだ。その墓石にはどのように書かれているのだろうか。あるいは日々の時間で「享日」と書かれているのだろうか。だとするならば、相当に骨太の人格者といえるのではないか。

近代日本の政治は、理想的な議会政治だったわけではないと河井の日記では語られているのかもしれない。

明治、大正、そして昭和のある時期までは、議会周辺に院外団がたむろしていた。なかでも三多摩壮士と呼ばれる一団が有名だったという。この院外団はいわば政党の用心棒みたいな存在で、議論より暴力に傾きがちな団体であった。太平洋戦争の直前にはこの一団が政友会本部を占拠した事件があった。率いた代議士は津雲国利という、軍部に近い親軍的立場の人物であった。政友会に軍部と協力せよと詰めよった血の気の多い一団だった、と政治記者は書いている。

日本の議会政治は、太平洋戦争の開始とともに一気に力を失っていく。議会自体が「院外団」化したからである。この院外団にはむろん「国民の意識を議会や政党にもちこんだ」という側面もあるにせよ、暴力を伴う乱暴な面もあった。日本の議会政治史にはもう一面で、「院外団の歴史」といった本音の部分もあることを知っておくべきであろう。

三　戦争は国民の支援がなければ起こりえない
――国民の九割は良心を持たぬ（芥川龍之介）

良心など特権階級の遊び道具

芥川龍之介の著作集にふれると、その作品の多様さに驚く。明治二十五年三月生まれで、昭和二年七月に自殺している。三十五歳であった。二十三歳で「羅生門」を『帝国文学』に発表して作家生活に入ったが、わずか十年余の執筆活動で多くの短編を残した。そうした短編には小説というよりエッセイ風の教訓話をまとめたものも含まれる。「侏儒の言葉」や「或阿呆の一生」などがそうだろう。

人生を冷めた目で見ていた芥川は、寸鉄人を刺すような一文で読者にはっと驚く刺激的な空間を広げてみせた。「一国民の九割強は一生良心を持たぬものである」は「侏儒の言葉」の「修身」というタイトルの一節である。この一節には特別に解釈や注釈はつけられていない。しかし、芥川は次のように考えていたのではないかと思われる。

〈良心という語は実に便利に用いられるが、その実、その内容はわかっていない。愚かな行為や恥ずべき行為をくり返して破廉恥漢の汚名を浴びてこそ、やっと良心とは何かがわかってくる。良心は確かに道徳をつくる因になるだろうが、しかし道徳そのものが良心の良の字をつくることなどありえない。良心という趣味をもつ病的な人物もいるが、それは大体が「聡明なる貴族か富豪か」なのである〉

よりわかりやすく言うなら、良心などというのは特権階級の遊び道具、これ自体何の特色もない。道徳とは時間と労力の節約から生まれ、道徳の与える損害とは……と芥川は言い、「良心の麻痺」と決めつけている。良心というのはきわめて雑駁《ざっぱく》で、善人の用いるもっとも安心な持ち物といったところに落ち着くのであろう。どの国にあっても国民の九割強は、一生良心を持たない。そしてただひたすら、この言葉を安全弁のように用いていると皮肉っているのである。

私は芥川の二つの作品（「侏儒の言葉」「或阿呆の一生」）に描かれている人間像が、それ自体一作ごとの小説に登場されうるふくらみをもっていると思う。それでどの話も好きなのだが、どの国も国民の一割足らずの人びとが、辛うじて良心を持っているんだよと解釈できる。この場合の良心とは人生上で「若干の訓練」によって把《とら》えられるもので、ひたすら口で「良心を、良心はないのか」などと叫んでいる輩《やから》は持ち合わせていない、と言っているというべきだろう。芥川はこんな考えを大正十二年、三十一歳のときにまとめている。

河井栄治郎の度胸あるファシズム批判

良心とは度胸や行動と二人三脚でしか見ることができないと解釈する、あるいは本音でしか把《つか》めないと理解して、歴史上の人物を眺めれば、それはそれでユニークな光景を思い浮かべることができる。

二・二六事件の折りに青年将校に襲われた新聞社が幾つかあるが、このとき主事、編集局長クラスが応対に出たのは朝日新聞東京本社だけだった。あとはたいていが庶務部門の責任者だったのに、朝日では緒方竹虎がいきりたつ青年将校の前に出た。毅然として応じ、受け入れられない要求をはねのけた。

作家の三好徹は、緒方はその後の時局の推移を読み、いずれ本格的な戦争になるだろうと見て、戦争に敗れたあと戦意昂揚の役割を演じさせられた新聞は責任をとることが要求されるだろう、そのときに責任をとるのは自分一人で……と考えていたと証言している（江口敏『志に生きる！』）。

こういう人物を肚《はら》の据わったというのだろう、「良心」といいかえてもいいと三好は分析している。実は二・二六事件は、真に勇気ある人物とはと試したといえる。なにしろ武器を持つ軍部が、頭に血が上った状態になったのだから……。二・二六事件後の『帝国大学新聞』に、東京帝大教授の河合栄治郎は激烈なファシズム批判を書いた。「ファッシストの何よりも非なるは、一部少数のものが暴力を行使して、国民多数の意志を蹂躙するに在る」で始まる一文は、重い指摘を行う。

「彼等の吾々と異なる所は、唯《ただ》彼等が暴力を所有し、吾々が之を所有せざることのみに在る。だが偶然にも暴力を所有することが、何故に自己のみの所信を敢行し得る根拠となるか、何故に国民多数の意志を蹂躙せしめる合理性となるか、吾々に代わって社会の安全を保持するために、一部少数のものは武器を持つことを許され、その故に吾々は法規によって武器を所有することを禁止されている」

河合のこの批判は、武器を持つ者が本来の役割とは異なる形での使用を行っているのが許されるのか、という軍のあり方を根本から問うている。こうした意見は国民の大多数の考えを代表しているのだろうが、しかし表立って言うには度胸がいる。まさに良心の発露は命がけだ。芥川も河合栄治郎のような、こうした精神を想定していたのではなかったか。

ほとんどは日和見的その日暮らし

R・C・K・エンソーの筆による『第二次世界大戦史』は、第二次大戦そのものは単に侵略に対する戦争だけでなく、「バーバリズムにたいする戦」でもあったというのだ。ナチスの残虐行為はこの三世紀の間に築きあげてきたヒューマニズムの規範そのものへの挑戦だったと指摘する。ユダヤ人虐殺やポーランド、ロシアでのまさに「大量生産致死工場計画」への戦いは、文明そのものがいかに存在しうるかの意味を含んでいる。

ということは、ナチスのこうした民族抹殺への戦いは良心を賭けた戦いとなる。裏を返せば、良心などという崇高な旗を立てうるのは、第二次世界大戦そのものの中で圧倒的に少ない、ほとんどの人はその抑圧の中で日和見《ひよりみ》的にその日暮らしを続けていたということだろうか。

もっともヒトラーに抗したからといって、すべてが良心というわけにはいかない。ソ連のスターリンの場合は、その非人道的方針（つまりこの三世紀にわたり人類が営々と築きあげてきた人道主義の解体）がほとんどヒトラーと重なりあう部分があったからだ。

芥川の説くように、それぞれの国の国民の九割強は一生良心を持つことはない、との意味は、戦争という異常空間が単に為政者の方針だけで起こるのではなく、国民の支援がなければ事実上起こりえないとの本質をついた国家論ではなかろうか。芥川がこの「侏儒の言葉」を書いたときには、具体的にどのような事態を想定していたのか、その辺はわからないにせよ、「戦争という時代には良心など存在しない」と断言しているとみて間違いはない。

山崎今朝弥《けさや》は明治、大正、そして昭和と三代にわたって社会主義者の弁護を務めた弁護士である。山崎には、『地震・憲兵・火事・巡査』という書がある。なかなかのユーモアももちあわせている。詐欺師の述懐によるなら、人を欺《だま》すにはまずは家族から欺さなければだめで、詐欺話などは女房に話をしてみて女房が信じるならうまくいくそうだ。法廷闘争というのは欺し合いのようなもので、大正、昭和の初めなどは検事と欺し合う闘いなのだとか。ある裁判で若い検事にうまく欺されたことに気づき、猛然と腹を立てる。その腹を立てた様をあらわす表現がなんともすさまじい。引用してみよう。

「アノ検事の野郎、小僧のくせによくも僕をだましおったな、今に見ろ、覚えておれ。

欺すならナゼだますような風を初めから見せなかった、親切らしく見せかけて、人をオダテて、人の同情に乗じて、全く裏切り者だ、寝《ね》首《くび》掻《か》きだ……」といった具合なのである。

今は軽々に断定はできないが、裁判というのは一皮むけば欺し合いの時代もあったということか。良心などという言葉で司法を語るのは、どうもおこがましいようである。山崎の書を読んでいて、官憲にはとにかく痛罵以外の抵抗はないと思えてくる。反権力、民衆の側に立っての弁護士の言行録によると、近代日本の司法の裏側には「良心」に縁遠い「駆け引き」「騙し合い」があたりまえになっていた。だとするなら、良心など国民は持つことはないとの芥川の言は、まったく正しいといえようか。

日本人である限り、お辞儀せよ

昭和三十一年三月の衆議院内閣委員会公聴会の記録を講談社の現代新書で編んだ折り、監修を行ったことがある。この公聴会はこの年二月に憲法調査会法案が提出されたのを受けて、憲法改正に賛成、反対の学者を呼び、自民党と社会党の代議士がそれぞれ現在の憲法についてどう考えているかを質《ただ》した。このときに自民党の代議士だった辻政信が、憲法改正反対の学者に、あなたの戦前の説と戦後の説は違うではないか、「あなたは学者の良心というものを、そのときどきの政権に合わせるのか」と質している。

その学者は、用いる言葉こそ違え、基本的な考え方に違いはないと答える。すると辻はあれこれと嫌味を言う。

「天皇制のもとで、可能な範囲において、あなたは学者的な発言をなさったとおっしゃるが、しからば、将来共産主義政権ができたら、共産主義政権のもとにおいて、可能な範囲であなたの言論を学者の良心としてお述べになるつもりか。私は、昔から学者というものを非常に尊敬している。われわれがいわゆる軍部におって権力をとっておったときに、軍に反対した学者に私はほんとうに敬意を表したものであります。あの薄給でもって何にも誘惑されないで……」

辻という人物はユニークである。戦前には軍を自分たちに都合のいいようにふり回して、そして戦後は政治家となってこんな言を弄している。「学者の良心」もいいかげんだと思うが、辻に代表される「軍人の良心」もまたなんともいいかげんではないか……。

東京裁判（極東国際軍事裁判）での判決言い渡しの日（昭和二十三年十一月十二日）、東條英機を始めA級戦犯七人に絞首刑の判決が言い渡された。この日は二十五人のA級戦犯に判決が言い渡されたわけだが、絞首刑を宣告されたのに裁判長に一礼して法廷から去っていった。各国の記者団はどこの国でもこんな判決が下されると、被告は激高して退廷していくのに、「日本人のあの礼儀正しさは何を意味しているのか」と首をひねったそうだ。ただ一人だけ、「終身禁錮」の判決を受けるや、ヘッドホンを投げつけ、礼をしないで立ち去った者がいた。陸軍の軍人橋本欣五郎である。ところが弁護団の清瀬一郎によると、翌日の日本の各新聞はこの態度を難詰した。「〝判決をうけてもお辞儀もしないで出て行くとは何事だ。それだから日本人は礼儀を知らないと笑われるのだ〟とコッピドクやられた」というのである。

清瀬はその後、アメリカの新聞を読むと、アメリカでは有罪の判決を受けて頭を下げる者など一人もいないと書いてあったと書き残している（林逸郎著『闘魂（東京裁判と橋本欣五郎）』）。

ここにある光景を、良心という尺度でみるなら、日本人は自分の良心に罰が加えられても感謝する奇特な国民なのか。芥川龍之介に聞いてみたいものだ。

逆に日本人である限り、お辞儀をせよと説いたのは新渡戸稲造である。それが「良心」の具現化した姿といわんばかりだ。明治四十三年九月の一高の入学式で校長だった新渡戸は、「諸君お互の間、及び教職員に対しては禮《れい》をするやうにしたい」と訴え、ここに人間の基本があると言う。入学したばかりの矢内原忠雄は、後年『余の尊敬する人物』を著し、一高の校長の言葉として通俗的すぎると思われるが、そうではないとはねつけ、「人を人たるが故に重んずる人格（パーソナリティ）の観念は、先生の人生観の根本」と評している。

「良心」とは万人にお辞儀をする精神なのかもしれない。このころに芥川も一高に入学している。新渡戸の訓示をどう聞いたか、興味があるところだが。

四　今日の小利を捨て明日の大利を得る
――吾生の曙はこれから来る（島崎藤村）

時代の目まぐるしい変化

評論家の中野好夫が、昭和四十二年に刊行された『現代日本文学館』（文藝春秋刊）第十巻の「島崎藤村（1）」の解説の中で、興味のあることを書いている。藤村の自伝的長編である『春』の末尾に近い一節に、藤村の「生の根元的意識」があるのではないかと注目している。

〈彼は頭を窓のところに押付けて考えた。春と考えるには、自分の若い生命はあまりにも惨憺《さんたん》たるものであった。吾生の曙はこれから来る――未だ夜が明けない。「ああ、自分のようなものでも、どうかして生きたい」〉（傍点・保阪）

これは二十五歳の藤村（小説中では岸本となっている）が、東北学院教師に新任されて、初めて仙台へ赴任する汽車の中の感慨だが、中野はこの部分に藤村の生の心構えがあったのではないかと示唆するのだ。私は中野のこの一文の中の「吾生の曙はこれから来る」という表現が気になった。自分の人生とて今は辛いときだが、しかしいつか輝く朝が、明るい朝が来るという期待をもたなければ生きていけないとの自覚をもったのである。藤村は少年期に心理的に辛い体験を抱えて生きてきただけに、この部分はまさに自らの生の核になっているというのが中野の見立てであった。

逆に〈吾生の曙はこれから来る〉と信じることができずに日光の華厳の滝に投身自殺したのが、第一高等学校生の藤村操である。明治三十六年五月、十六歳のときだった。遺書には、万有《ばんゆう》の真相は不可解、この恨《うらみ》を懐《いだ》いて死を決意するとあった。天下の一高生、それも秀才だったというのに、である。

藤村操は一高では、夏目漱石に英語を習っていた。死の前というのだが、英語の授業に漱石は藤村を指名して読み訳すよう命じる。ところが操は「予習をしてこなかった」と平然と答える。このところそういう状況が続いていた。漱石は勉強をしないなら学校に来なくてもいいと叱責したらしい。操はすでに死を決意していて、授業には関心はなかったのだ。操の自決後、漱石は自分の叱責が死の原因ではないかと悩んだといわれている。

漱石はその後、英国留学、そして作家へとなっていくのだが、漱石にとって「吾生の曙はこれから来る」以前の心の負担となった操の投身自殺といえようか。

昭和五年二月に新聞記者・大崎厚夫の筆で、『世界を動かす十二傑』という書が刊行された。現代の世界を自らの手によって動かしつつある指導者十二人を選び、彼らはどんな人物なのかを知っておくべきだというのである。大崎は、「現在の世界を動かしてゐる英傑を知れ、而《しか》して諸君の心を養へ」と読者に呼びかけている。言ってみれば、この中の者が「吾生の曙はこれから来る」と満を持す指導者たちだと断ずるのである。

この書に採りあげられている順に名を記していくと、蔣介石、馮玉祥《ふうぎょくしょう》、レーニン、トロツキー、ムッソリーニ、ケマル・パシャ、マクドナルド、フーヴァー、ヘンリー・フォード、グラーフ・ツェッペリン、クレマンソウ、マハトマ・ガンジーである。

ヒトラーやチャーチル、ルーズヴェルト、そしてスターリン（この名はレーニンの章の中で特別にふれられているが）などの名は、まだない。十年先に指導者の地位に立っているのはムッソリーニ、蔣介石くらいである。この時代の目まぐるしい変化をよくとらえていると言えるのではないか。これら十二人への見方も比較的好意のある筆調なのだ。たとえば蔣介石について冒頭で次のように書く。

「紛乱の支那から統一の支那へ！　青天白日旗のなびくところ、蔣介石の北伐軍は無人の境を往く。六十年の一生を、革命の戦塵と亡命の悲雨に曝《さら》した『国民革命の父』孫文は、せめて揚子江まで進出したいものだと口癖のやうに言ひながら、忽焉《こつえん》として北京の客舎に逝《ゆ》いた。いま、孫文の衣鉢をつげる蔣介石は、僅か半年の間に、故総理の夢寝にも忘れなかつた揚子江進出を敢行して、支那の大半を青天白日旗の下にきりなびかせたばかりか、更に堂々北伐の前武を進めて（以下略）」

なんのことはない。蔣介石の曙は今やっと訪れたと賛えている。しかし出版一年後の満州事変、七年後の日中戦争によって、蔣介石は許しがたい「敵」となる。蔣介石像のこの変化の中に日本の誤りがあったということになるのだろう。アメリカ大統領のフーヴァーについても「兎《と》に角《かく》、彼は英雄ではない。大政治家でもない。と言ってまた単なる事務家でもない。彼は実に偉大な事務家である」と評し、アメリカはこの大番頭のもと、堅実に躍進するであろうと断じている。全体にこのころ（昭和五年ごろだが）は、日本の外国を見つめる目はきわめてバランスがとれているといってよかった。

目先の利益を追った昭和十年代

意外なことと思われるが、明治中期に欧米並みに一夫一妻制が法律上の正式な決まりとなった。幕末、明治維新からこのころまでは、有産階級の者は二番目の妻（権妻《ごんさい》と言ったが、いわゆる二号のこと）を持つのが「甲斐性ある男」といわれた。芸者が権妻になったり、地方の女性、貧しい家の娘などが新政府の役人や商人、華族、政治家に囲われる習慣が続いていた。これは単に甲斐性であるだけでなく、法律上でも認められていた。それが欧米の笑いものになると廃止になったのである。

女性の地位を考えるうえでは、まさに「曙はこれから来る」のはずだ。

しかし現実はそうはならない。依然としてこの風習は続き、「総理大臣を務めた松方正義や大石正巳は、公然とした妾《めかけ》は十人ぐらいだったが、実際は四十人以上もいたというわさ。大石などは、住居の四谷近辺にいる子どもの顔がみんな大石に似ているなどと悪口を新聞に書かれたほどだ」（高木隆史『明治史こぼれ話』）、というのである。庶民も小金を貯めて「妾」を持つのが人生の目的というのだからあきれる。

こういう歪みのある慣習が昭和・平成に入っても政治家や実業家の間では続いたわけだが、今の週刊誌が芸能人、政治家の不倫を扱ってそれなりに庶民の喝采を浴びるのはこういう伝統の名残りかもしれない。小金を貯め「妾」をもつことになった男にとっては、まさに「吾性の曙はこれから来る」のだろう。

藤村が自らの人生にいつか花開くときがくる、と信じたのが、その作品『春』のテーマだったのだが、そのような信念をもつことは確かに重要である。これは私自身になるが、私は密かに「今日の小利を捨て明日の大利を得る」との人生観をもっている。どういうことか。私はこれまで〝歴史〟を生き抜いてきた人物に千人単位で会ってきたが、目先の利益を追いかけて人生で得をした人はいないとの確信をもった。目の前の利益を追う人は、時間を失うだけでなく、やがて来るであろう大願成就を目標に据える視点を失っている。昭和十年代の日本を擬人化すればまさにそう言えるだろう。

日米開戦時の首相・東條英機は、このタイプである。たとえばアメリカとの外交交渉で、「中国からの撤退」を要求されると、「十万人の血で得た地を手ばなすわけにはいかない」とはねつけた。その結果、日中戦争、太平洋戦争で日本はその何倍もの死者をだして戦争を終えた。このときの十万人の血が教えてくれたのは、他国に侵出しその恨みを買い、何年もの抵抗にあって何倍もの死者をだす結果を、どうして考えられなかったか、ということだ。

曙がこれから来る、と確信をもつことはそれだけの覚悟と目くばりと、そして人生観が必要だということになる。

高見順『敗戦日記』の光景

作家の高見順の『敗戦日記』を読んでいると、複雑な気持になる。昭和二十年三月二十一日に、「硫黄島玉砕の発表。栗林司令官の電文をアナウンサーが涙でぬれた声で伝えた。胸がこみあげてきた。硫黄島で怨みをのんで死んだ人々のことを考えると、安閑として生きていることが、何か申しわけない気がした」とある。

戦況悪化の前に心が落ち着かない。二日後の二十三日に、大船から汽車に乗りこんで疎開先にむかう。誰もが大きな荷物を持つ。しかも駅ごとに人が乗ってきて立錐の余地もないほどだ。昇降段に足をかけたままの人は、「危いから、中へ入れてくれませんか、もう少し詰めてくれませんかと絶叫する」と高見は書く。

ところが反対側の昇降口に兵隊が二人いてそこは裕々としている。大きな荷物をもつ水兵はその空間を詰めようとしない。高見は彼らが薄情なのかと思った。しかしよく見るとそうではない。ただ水兵も兵士もぽかんとしているだけなのだ。「他の苦しみに神経をやろうとしない鈍感さなのだ。そうでなくては戦えない——そんなことを私は考え出した」。

　こんな鈍感さにあきれているのだが、あえて推量すれば、こういう風潮を生んでいる軍隊に、「曙」が来ることがあろうか、との感がする。やはり高見のこの日記の八月十五日を読むとなおのこと、その感が深くなる。電車で東京に向かう。その中で軍曹たちが話している。「休戦のような声をして、敵を水際までひきつけておいて、そうしてガンと叩くのかもしれない。きっとそうだ」といった会話も聞こえる。

　高見が書いているこのことで、私にはこの戦争で「曙」が決して訪れることがないと理解できる。

「敵をだまして……こういう考え方は、しかし、思えば日本の作戦に共通のことだった。この一人の下士官の無智陋劣《ろうれつ》という問題ではない。こういう無智な下士官にまで滲透しているひとつの考え方、そういうことが考えられる。すべてだまし合いだ。政府は国民をだまし、国民はまた政府をだます。軍は政府をだまし、政府はまた軍をだます、等々」

近代日本のつぶやき「ヒヤヒヤ」

言論弾圧は近代日本では、実は早くから行われていた。明治十三年に集会結社などについての条例がだされるが、しかし日本社会は政談演説会が好きだった。演説会は、取り締まりにくる警官、反対派の連中、それと抗する賛成派のグループと三つどもえになって争ったというのだ。演説する者の内容に、反対派はリーダーのかけ声よろしく「ノー、ノー」と唱和する。逆に賛成グループは「ヒヤヒヤ」と叫ぶ。ヒヤというのはどういう意味かは別にして、賛成のことである。

前述の書（『明治史こぼれ話』）によれば、一人の弁士が「わが日本国家は、三千八百万人の人民がこれを守らねばならない」と演説すると、リーダーのかけ声をまちがえて賛成派が「ノーノー」と叫んだのだという。やがてまちがえたと気づき、「今のはまちがいだ」と叫んで、反対組も警官も笑いだしたそうだ。新潟県の例である。

この「ノーノー」と「ヒヤヒヤ」はやがて村議会から国会にまで広がった。つまりこれらの語は、日本の議会政治のまさに夜明けの声だったことになる。戦前、戦時下の議会の速記録を読んでいると「ヒヤヒヤ」はよく議場からの野次として記録されている。近代日本のつぶやきだったのかもしれない。

二〇一八年は東京裁判終結から七十年である。この裁判はドイツ・ナチスの戦犯を裁いたニュルンベルク裁判とともに二十世紀の象徴とされている。ニュルンベルク裁判はむろんナチス幹部の戦争犯罪を裁くことにあったが、一般のドイツ国民はこれに無関心だった。一九四五年から四六年にかけて、市民は食糧と燃料を確保することに懸命だったのだ。検事団の間では「良いドイツ人は今はいない」との認識だったという。

ドイツは、戦争が終わるだけでは曙を見いだせなかった。私たちはその教訓を学ぶべきだろう。

五　〈時代〉に生きるか、〈歴史〉に生きるか、逃げるか

――山椒魚は悲しんだ（井伏鱒二）

社会が制御不能に陥るとき

日本の民衆運動には独得の循環のサイクルがある。このサイクルはいかにも日本的だというのだが、色川大吉の『昭和史 世相篇』（平成二年、小学館刊）にその説明がある。この書によるなら、民衆の政治・社会運動には「生起、高揚、敗退、終焉」があるが、そのプロセスで必ずや「戦いのシンボル的存在」を生みだすのだという。

なぜなら民衆の側に残る怨恨、願望、不満などが仮託された「戦いのシンボル的存在」の人物を必要とするからだ。あるいは殉教者をつくりあげる場合もある。色川は幾つかのシンボル的存在が認められる例として、秩父事件の首領でもあった坂本宗作などの名を挙げている。明治期の自由民権運動にしても、板垣退助の名を忘れることはできない。ただし明治十五年に刺客によって刺され、「板垣死すとも自由は死せず」と洩ら

して重傷を負った彼は、もしこのときに亡くなっていたら、将来「民権の神様」となっていただろうというのだ。そのことで自由民権運動はより一層昂揚したかもしれないと結論づけている。カリスマというのは、民衆運動のサイクルに歴史性をもたせるのに必要なものと思われるのだ。

「山椒魚は悲しんだ」という一節は、井伏鱒二の作品の出だしの一行である。

山椒魚の棲家である岩屋から、ある日外に出てみようと思ったら、彼の体はその出口よりはるかに大きくなっていて出るに出られない。この山椒魚はやむなくさして広くもない岩屋の中で、その一生を終えることになるわけだが、その山椒魚の哀歓を小説にした作品である。この狭い岩屋の中にも小蝦《こえび》が迷いこんで、産卵を試みたりもする。山椒魚は岩屋の穴から外を覗いている。水すましと蛙の追っかけあいが見えたりもする。外の風景は山椒魚の感情を刺激する。そして彼自身も出口から外に出ようと試みるものの、いつも頭が挟まる状態になって出ていくことができない。やがて訪れるあきらめ。井伏はこの作品で何を問おうとしたのか、解釈は自由だ。私は、私たち自身がつくりあげていく社会が、いつのまにか私たちの制御不能に陥る様をテーマとしているのではないか、と考えるのである。

どのような民衆の運動もカリスマをつくりだすというのは、まさに山椒魚が出口から何とかして外に出ようと試みても、決して出ることはできないという図に似ているといえるのではないか。

かつて私たちの国では、死を賭して聖戦報国を要求された。軍事指導者たちは、軍人勅諭に倣い、兵士の命は国に捧げよと命じた。確かに戦争でない時期にはそれはひとつのスローガンになりうる。しかしひとたび戦争が始まったならば、必要なときだけ国に命を捧げよとか、命を決して粗末にしてはいけないとそのスローガンに歯止めをかけるべきであった。

ところが戦時の指導者たちは、ひたすら「死ね」と要求するだけで、それがどのような意味をもつかなどは説明もしない。兵士に死を要求するのに、自分たちはいかに生命を捨てないでいるかに汲々としている有様なのだ。彼ら軍事指導者たちは、自分たちがつくりあげた〈死の強要〉という戦争は勝利に結びつくわけはない、などと考えたこともない。

山椒魚の如く岩屋に閉じこもったままなのである。

死を強要された学徒はどうしたか。

昭和十八年五月十九日、京都帝大の哲学科教授田辺元は、「死生」という題で講演を行った。大学生の徴兵猶予が停止されるときも近づいていて、学生たちは戦場に出陣しなければならない。自らの死をどのように納得して戦場に赴けばいいのか、学生たちは田辺の話を聞きに集まった。京都帝大の学生たちだけでなく、さらに他の地域からも集まった学生たちは、他の教室でスピーカーから聞こえる話に耳を傾けたというのだ。

子安宣邦『日本ナショナリズムの解読』には、「学生たちは『国家のために死ぬこと』の意義を、死を近い将来に迎えようとするその時に、あらためて哲学者に問うたのである。田辺はその意義を学生たちに語ることを肯《がえん》じたのである。これはすごいというより、すさまじいことだ」と書く。私もそう思う。絶望の中に、自らの存在を意義あらしめようとする苦悩、それはかけ声をかけるだけの軍事指導者による近代日本の軍事教育の失敗を語っていることにはならないか。田辺はこのときに三つの死についての立場を説いたという。

もとより軽々に論じることはできないにせよ、三つのうちのひとつ、「死の中に生を投じる」という意味の説明は、自らの学問がこうした国家の説いた枠内（岩屋）からとびだすことのできないもどかしさを含んでいた、と評することもできるだろう。『きけわだつみのこえ』に収められている戦没学徒の手記は、一部が編者によって改変されているが、この手記の重さを歴史の中で論じるには、より戦争というシステムを分解したうえで読むことが必要であろう。もとより反戦・非戦を汲みとるだけでなく、死生という次元での告発といった読み方が必要とされるべきではないかと、私には思えるのだ。

「権力の移動なき革命」の時代

私たちが今つくりあげている岩屋は、まさに物量的に際限なき広がりとなっている。東京の地下鉄駅構内を歩いてみると、ときにウィークデイの午後などは人がほとんど歩いていない空間もある。今の一億三千万人、東京の人口一千三百万人の規模で、こうした地下鉄や交通機関を始め、幾つもの施設ができあがっている。しかしこれが日本の人口八千万人、東京が五、六百万人という時代になったら、日本中至るところにゴーストタウンができあがっていくであろうことは容易に想像できる。

むろん社会構造の変化に伴い、そのつど都市空間は手直しされるだろう。しかし山椒魚とは逆に、巨大な都市空間の中で日本人は孤独感と寂寥感に襲われて心理的な病になるのではないかと思う。

日本人の生活様式を見ると、昭和三十年代、四十年代に、生活環境は大きく変わった。大家族で住む住宅から核家族へ、家事の肉体労働は少なくなり電力による生活革命へ、ビジネスマンの画一化された生活から自由業ともいうべき職業集団の登場、すべての価値観が変質した。前述の色川大吉の表現を借りるなら、「権力の移動なき革命」の時代へと変わった。

この変化、あるいは変革の物量的、心理的流れが現在に及んでいるといってもいい。つまり五十年、六十年を経てできあがっているこの社会の芽は、あの昭和三十年代の権力の移動のない革命であり、資本家も労働者も現実には滅んでしまったのだ。階級ではなく、階層という尺度が支配し、この社会を自在に動かしている。つまり山椒魚になぞらえるべき怪物とは、現代社会の中に根を下ろしている私たちの価値観なのかもしれない。私たちはもっと過去の良質なモラルや倫理に目を向けなければならないと思われるのだ。

むろんここで私がいう過去とは、少なくとも昭和十年代の如きをいうのではない。江戸時代、幕府としてはただの一回も対外戦争を行っていない。戦うべき要員の武士階級は、殺傷を目的とした武芸を、人格陶冶《とうや》の一手段としてその範囲を広げた。このような抑制のとれた文化は、人類史の上でもそれほどあるわけではない。江戸末期は、戦争をあらわす言葉さえも死語同然になっている。

こういう史実のひとつひとつを詳細に点検していくことで、私たちはどのようなことが理解できるのか。身の丈に合った国づくりができるという、先達たちの智恵と識見が窺えるではないかと思われる。

ベルツが怒った自国の倫理観

日本にやってきたお雇い外国人の一人である医師のベルツは、明治天皇の侍医であるだけでなく、宮中の皇子、皇女などの健康状態にも気を配っていた。一九〇〇年の義和団の乱に、北京駐在の八カ国が自国の権利を守るべく出兵するのだが、そのときドイツの皇帝が派遣軍隊の出発にあたり、激励の挨拶を行ったというのである。そのことについて、ベルツは日記に書いている。

「ドイツ皇帝は、清国派遣軍の出発に際して一場の演説をされたが、その演説がまた、あらゆるドイツ人を赤面させずにはおかないものなのである。皇帝はこういわれたそうだ『捕虜は無用だ、助命は不要だ！』と。（略）相手の清国の罪のない人たちを――たとえ武器をすてた場合でも、かまわないから——殺してしまえと命令しているのだ！こんな文明にはへどが出る！」

ベルツは自国のこういう倫理観が、つまりは身を滅ぼすことになると怒っているのだ。ドイツだけではなく、各国連合軍がほとんどこれと同様の感覚であったとも怒っている。人類史の中で近代にあっても、ヨーロッパはこれと同様にふるまってきた。植民地主義、帝国主義という「岩屋」が肥大化すると、その中に住む「良心」は閉じこめられたまま逼塞状態になってしまう。そのことをベルツは自らの感想として書き残したわけだが、このような見方は宮中の人たちにもそれとなく伝えたのかもしれない。

ベルツはいわばごくふつうの人の目で、日本社会を見つめていた。明治天皇がのちの昭和天皇や秩父宮、高松宮などの皇孫を目を細めて慈《いつく》しむ姿をよく見ている。あるいはまだ幼い三人の皇孫殿下が、きわめて順調に育っていることに安堵している旨の記述も日記には見られる。この宮廷医によって、日本社会は良質の欧米文化や倫理観を身につけることができたといってもよいのではないか。

大仰にいうならば、「岩屋」に住む山椒魚が決して閉じこめられたままにならないように、よきアドバイザーの役を買って出ていたとみることもできるだろう。

モラルなき岩屋、逼塞する良心

太平洋戦争の終結直後に東久邇内閣が誕生した。皇族内閣で事態を乗り切ろうと考えたからである。しかし結果的に、この内閣は山椒魚が自由に出入りできる岩屋の役を果たした。無任所の大臣が乱発され、中には「餓死防衛同盟」なる組織を発足させた者もいたという。

「『帝国海軍』が隠匿していた米を『内閣参与』の実力にもの言わせて持ち出し、廃墟の壕舎や、工場にばらまいて、巨額の利鞘をかせいだ」(「東久邇稔彦——終戦を納得させるための皇族首班」牛島秀彦・『現代の眼』昭和五十五年一月号)というのである。つまりこの内閣は、モラルなき岩屋のようなもので、出入口が自由なために妙な人物も迷い込んでいたと考えていい。ワルの山椒魚がはびこった時代だったのである。

少々生々しい話なのだが、二〇一八年三月二十七日に元国税庁長官の佐川宣寿が、森友問題などで国会での証人喚問を受けた。捜査の対象になっているので答えられない、とそれこそ数えきれないほど答弁をくり返した。この人物がもしかすると真相を口にするのではと期待する向きもあったが、そんなことはありうるわけはないという、当たり前の見方通りになった。

彼には三つの道があった。真相を口にせず政権を守る、真相を明かして自らの身の証しを立てる、「刑事訴追の恐れがある」といって逃げる、の三つである。簡単にいうと、〈時代〉に生きるか、〈歴史〉に生きるか、それとも〈逃げる〉かである。小心な官僚は逃げただけのことだ。そのかわりに彼は、岩屋の中に入ってしまい、そこから出られなくなるという代償を払うことになる。その代償の大きさは、彼の生きている間はわからない。たぶん彼には汚名が残る死後の評価を想像する力がなかったのであり、それ自体が山椒魚の運命と同じだということに気づいていないと、私には思えるのだ。

六　つまりは、誰のための戦争だったか
――お父さんを呼び返して来い（菊池寛）

空襲指揮官へのゾンビ叙勲

菊池寛が戯曲『父帰る』を発表したのは、大正六年のことである。まだ二十九歳であった。この戯曲を発表して三カ月後の四月に、結婚している。小説を発表して初めて原稿料をもらったのもこの年というから、菊池はプロ作家としてデビューした年に、複雑な家庭の肉親感情を戯曲に仕上げていたことになる。

妻と三人の幼い子供を残して出奔した男が、興行師として好き勝手に全国を歩き回ったあげくに、老いて零落した姿で妻子のもとに戻ってくる。二十年ぶりにである。苦労ずくめだった長男の怒りの言と、夫や父を許す妻、次男、長女の会話がこの戯曲のヤマ場だが、一度は家に入れないと怒っていた長男が、肩を落として家を出ていく父を許す台詞《せりふ》が、「お父さんを呼び返して来い」である。

私的な話になるが、私は小学校四年のときに父が教鞭をとっていた高校の文化祭でこの芝居を見た。子供心に最後のシーンには涙がでてきたのを覚えている。肉親とはこういうものか、と漠然と思ったのだ。

菊池寛は、私の作品の中でこれは一番最後に亡びるものだろう、と言っていたそうだ。「後世を信じない私は、私の作品の中で十年位生命があれば」、それで充分といっていたともいう（小林秀雄編『現代日本文学館第19「菊池寛・山本有三」』文藝春秋）。菊池にとっては自信作だったのだ。もっとも今でも学校演劇などで演じられることがあるというから、作品としての寿命は長い。

「お父さんを呼び返して来い」――つまり気むずかしい生き方をして孤立していく人、ひとつの場所には落ち着かないが、その人間好きの性格で世渡りしていく人、あるいは決して賞められることをしたわけでもないのに呼び返された人、とにかくこの語にまつわる歴史上のエピソードをさぐってみると意外にいろいろな史実が浮かびあがってくる。初めに呼び返さなくてもいいのに、国が呼び返してしまった例を挙げよう。

昭和二十年三月十日の東京大空襲は、米航空部隊司令官のカーチス・ルメイの指揮のもとで行われた。一晩で十万人が死んだとされている。戦時下とはいえ、これほど非人間的な都市爆撃はなかった。ルメイは、「日本軍とてアメリカ人捕虜に残虐な行為を働いていたのだから、むしろこの爆撃は近代航空戦史上では画期的なこと」と胸を張っていた。

そのルメイに日本政府は、昭和三十九（一九六四）年に勲一等旭日大綬章を贈った。理由は戦後日本の航空自衛隊の育成に貢献したからだそうだ。なんと無神経な、といったところだ。栗原俊雄の『勲章』（岩波新書）によれば、賞勲局ではルメイの叙勲問題はゾンビといわれているそうだ。そりゃそうだろう、焼死体に呪われたゾンビを呼び返したのだから……。

イギリスの物理学者アイザック・ニュートンは今でいうシングル・マザーの子供だった。母は父の名を子供につけたというのだ。その母がニュートンの幼年期に再婚する。祖母のもとで育ったニュートンは、母を慕い義父を憎む。やがて義父に死なれて母は戻ってくるが、弟妹三人がいて、ニュートンは母の愛情を受けられない。

彼は「完全な人間嫌い、超孤独な人間」になり、「自然秩序の思索」へと向かったという。生涯独身、恋愛経験なし、八十四歳まで生きたが一生童貞だったという。ニュートンのこの人物像は、幼年期の人間嫌いがずっと続いていたことになる（堀田真康『どんな親でも子は育つ』)。その意味では、菊池寛の『父帰る』の父なき家庭は、母の愛情と長兄の他の家庭に負けるなという意気ごみのもとで、きわめて健全だったことになろうか。

無数の「お父さん」たちの死

日中戦争下で、日本軍兵士が中国の八路軍の捕虜になったケースは意外に多い。初めは殺されると思っていたのに、命は保証され、新たに革命教育を受けて、八路の政略、戦略に賛成する兵士も増えていった。彼らは八路軍とともに行動し、戦場では日本軍兵士に対して電話やメガホンを使って呼びかけを行っている。あるいはビラを撒くのである。そのビラには、暴力をふるう評判の悪い日本軍将校を名指しで批判する手も使われた。とたんに、その将校は態度を改めたという。

五十メートルほどしか離れていないトーチカで、八路軍の捕虜となった兵士の側が「侵略をやめよ」と説くと、「売国奴」と応酬してくる。しかし同郷の者が訛りで話し合う段になると、最後はお互いに涙声になったという。

「おまえたち、こっちに帰ってこい」「いやおまえたちこそ、捕虜になってこの侵略戦争をやめさせよう」と涙声でやりとりする光景は、つまりは誰のための戦争か、という問いにゆきつく。最後は「死ぬなよ」「いつか会おうな」という台詞になった。戦場でのこういう光景を証言する元兵士は、誰もが故郷では「お父さんを呼び返して来い」と願っていたんだ、という言を吐く。しかし戦場から呼び返されることなく死んでいった「お父さん」たちは、無数に存在したことになるともいえる。

私の高校時代の友人の話である。同じ高校ではなかったが、彼は都内の高校でもいわば秀才の誉《ほまれ》が高かった。父親はニューギニア戦線で戦死した。戦後、彼は母親の内職のもと弟妹と共に苦労を重ねて育った。当然、名のとおった国立大学に進む予定でいたが、しかし落ちたときを考えて銀行や官公庁の試験を受けている。むろん受けたところはすべて合格した。しかしある銀行は落とされた。彼の担任が理由を問い合わせた。密かに伝えられてきたのは、片親でしかも貧しさも理由に挙げられていたという。

もし行員として採用したあとに、使いこみなどされたらとても実家には補償能力がないためであったのだろう。

この理由を聞かされて、彼は激昂した。私は友人であったために直接に彼の怒りを聞いている。「勝手に戦場に連れていって殺しておいて、なにが片親だ……それなら親父を今すぐにここに呼び返してくれと言いたい」と涙を流した。私は心底から彼の言に納得した。まったく理不尽な社会だと思ったものだった。

彼は名のある国立大学に合格したが、社会に対してその冷たさに心底から憎しみを感じているのがわかった。勝手に殺しておいて、なにが片親だ……と十九歳の少年を怒らせる不条理が確かにこの国にはあったのだ。菊池寛がこの作品は私の作品の中でも残っていくだろうと説いたのは、まさにこの不条理を自らも体験し、そして人の世とはそんなものだ、との自覚をもっていたからかもしれない。

明治維新から百五十年

二〇一八年は明治維新から百五十年である。といっても、華々しい行事があるわけではない。しかし地方紙の幾つかに原稿を書いている立場から断言すると、それぞれの地方では必ずしも無視しているわけではない。自分たちの郷土はあのとき、つまり幕末から維新にかけてどのような時代だったのか、との問い直しは行っていたように思う。このことは何を物語るか。私の見るところ、薩長政府を軸にした明治維新の歴史を自らの地方の目で問い直していこう、との動きではないかといった感がする。もっと踏みこんでいえば、私たちの「親父（つまり先達）」を歴史の中から呼び返してみようとの試みがあるのだ。

あのころの歴史のボタンをひとつかけまちがえていたら、日本社会は内乱に陥っていたであろう。ひとたび内乱になったら、単に不平士族や民権派の志士だけでなく、お雇い外国人などもからんで多くの犠牲者がでたはずだ。あるいは革命騒動のような事態になったかもしれない。そこに列強もからんでくると、日本はまさに鎖国状態から騒乱の時代へといった光景を描きだしただろう。

しかし、旧幕府側の責任者となった勝海舟は、新政府側の西郷隆盛との会談で、江戸城総攻撃の中止について話し合った。この間の裏側のやりとりを見ていると、イギリスの公使パークスの腹芸、オランダの武器商人スネル兄弟の暗躍など、当時の日本の国力では幼児の手をひねるような甘さであっただろう。そういう状況の中で、勝が江戸城の無血開城をまとめたのは鋭い直観があったことになる。

旧幕府側にとってもうひとつ幸いだったのは、フランス公使ロッシュの本国への帰国命令であった。フランス政府はイギリスとの共同歩調を命じていたのに、ロッシュは密かに旧幕府支援を続けた。旧幕府の復権を企図していたのである。箱館戦争ではフランスの軍人は榎本武揚らを支援していたが、最終段階ではフランスに帰国している。本国政府がロッシュに「帰国せよ」と命じたのは、まさに日本にとって幸いだったということになるだろう。

もしも旧幕府側の決起が各地で続いたなら、まさに徳川慶喜は「呼び返して来い」といわれ、騒乱の渦中に巻きこまれたかもしれない。歴史の鉢が微妙に傾けば、日本は未曾有の体験をした可能性もある。

呼び返すなら高橋是清

もし私が、昭和史の中から「呼び返して来い」と言いたい人物を選べと問われたなら、その一人にためらいもなく二・二六事件で惨殺された高橋是清を選ぶ。

二・二六事件が起こる前の高橋は、すでに日銀総裁、大蔵大臣、総理大臣、そして子爵の栄誉も受け（後に長男に譲渡）という具合に、日本の政治を動かす中心に座っていた。なにより人間的な魅力にあふれ、「人に対する態度は、実に公平であり、初対面の人も、十年の知己にも差別するところがなかった」（「高橋是清」『昭和の宰相』所収、有竹修二）というのだ。

大正末期、中国で張作霖の奉天軍と呉佩孚《ごはいふ》の直隷《ちょくれい》軍とが衝突した。日本はどのような態度をとるか。幣原喜重郎外相は不介入、政友会は張作霖軍を支持、従って農商務大臣の高橋も張作霖軍を支持することになる。結局、その衝突はすぐに終わり、幣原は「これで満州が戦場になることはない」と閣議で報告する。すると高橋は椅子から立ちあがって、幣原のところに来て手をにぎりしめ、「よかった、よかった。君が頑張ってくれたので、日本は救われた。もし我々が主張したように、張作霖を援助していたら大変なことになった……」と心から喜んだという。幣原は、その著（『外交五十年』）の中で、この率直さに「無限の尊敬と希望を感ずる」と書きのこした。

こういう懐の深い人物が二人か三人、昭和十年代に存在したら、妥協を敗北と考える軍人政治家などいかに小人物かを証明したことだろう。惜しい人物を殺害した、と青年将校の罪を改めて問わなければならないように思う。

山本有三の『路傍の石』も、形を変えた父と子の物語だが、この関係は幾人かの近現代の作家がとりくんでいる。志賀直哉の『暗夜行路』もそうだろうし、水上勉には『父と子』がある。辻井喬も父との相克を作品にしている。

父を書くにしても大体は最後には理解しあうという方向にむかう。ところがノルウェーの劇作家イプセンは自立をめざすノラを描き、女性の解放をめざした時代を切り開く作品『人形の家』を発表しているが、単に人嫌いなだけでなく、完全なへそ曲り。家族愛もない。子供の結婚式にも出席しない。あるインタビューで答えている。あなたの理論を理解する作品はと問われたとき、「理論！　私は理論なんか持っていないよ。私の戯曲は教条主義ではないと、いったい何度言えばいいのかね。私は自分で見たものを描くんだ」（『インタヴューズ1』、C・シルヴェスター編）。彼にとって自立する妻も息子も信用しないということであろう。

イプセンには『人形の家』は書けても、『父帰る』は書けないわけだ。

七　知識人の喧嘩にはひと味の苦みを
――性慾をつくるのには骨が折れた（武者小路実篤）

人類造物者の悪戯心

武者小路実篤の小説（たとえば『その妹』『友情』など）を貪り読む時代があった。私の世代（いわゆる戦後民主主義の第一期生といったところだが）は、大体が中学生のときではなかったかと思う。いわば少年少女小説から一歩前に進んで、日本文学にふれていくときの助走路のような役割を果たしていたのではないか。私は武者小路実篤や伊藤左千夫、あるいは志賀直哉という作家から徐々に夏目漱石や森鷗外に入っていったように思う。

武者小路という作家は長じてからは、ほとんど読まなかった。しかし三十代を過ぎてから、農本主義的団体などに関心をもったので、武者小路の「新しき村」について調べた。その折りにそれこそ久しぶりに武者小路の作品にふれたのだが、その中に「のんき者、のんきな造物者に逢う」という詩があった。彼の作品集に収められている年譜によるなら、昭和四十（一九六五）年の項に、上野精養軒で満八十歳の祝賀会があり、参会者は「五千余名」に及んだとある。そして「参会者に私家版詩集『のんきな男とのんきな造物者』を贈る」とあった。

この長文の詩は、一人の男（私）が「想像の世界を歩いている、すると一人の老人に逢った」という筋立てである。この老人がこの世に「人類」をつくった造物者である。十頁余も続く詩は、この世に人間をつくったのは人間のためではない、「この地上を最も美しくしたいため」、「そして人間をことに賢くつくった」、しかし「この性欲をつくるのには骨が折れた」という。露骨に子供をつくりすぎると、それも粗製乱造になる。そこで造物者は考えたというのだ。性欲だけでは子供ができすぎてしまうので、「性欲には羞恥心を持たせ」ると同時に、「恋愛を与えて夫婦そろって立派な子供をつくるようにさせた」というのである。

この詩はこういう武者小路流の道徳観があふれていて、読んでいても倦きない。私が関心を持ったのは「性欲をつくるのには骨が折れた」という表現である。この表現はまさに武者小路の大正期に書かれた小説のテーマでもあり、私たちは武者小路の小説を読むことによって、愛と性の第一歩を学んだのだと思い至った。

それにしても造物者は、明治の政界には面白い形で性欲を持ちこんだものだ。政界の重鎮・伊藤博文には好色侯爵という仇名《あだな》があったが、とにかく桂太郎、山縣有朋のほか新政府の要人は花柳界とつながりが深かった。人気を集めていた芸妓は、ぽん太、洗い髪のお妻、栄龍、八千代、桃子、貞奴らで、こういうなかから桂のお鯉、山縣の貞子などが世間にも知られたというのだ。

造物者は明治新政府をつくったかつての下級武士たちに性欲を与えたのには、本当に骨が折れたといいたいところだが、維新の功に対して恋愛観なき性欲のみを野放図に与えすぎたといえるのではないか。「英雄色を好む」というのも造物者の悪戯心だったのかもしれない。

堕落学生とハイカラの都市構図

アメリカの発明王トーマス・エジソン（一八四七―一九三一）は、白熱電球、映画、そのほか現在の電気通信時代の先駆となる発明を幾つも行った。いわば天才である。ただしエジソン自身は、「天才とは99％の汗と1％の才能」という名言を残している。ところがエジソンは小学校のときには、頭のわるい生徒との烙印を押されていたそうだ。というのは国語の時間に、突然、「先生、火はなぜ燃えるんですか」と聞いたりするからだ。つまり自分の興味あることには集中力を発揮するのだが、興味のないことにはまったく関心を示さない。行く先々の学校でもて余し者になる。

このことを知った母親がエジソンの教師として勉強を教える。この母親は、この子はこういう性格の子なんだとわりきって、教育する。エジソンが読みたいという本はすべて読ませる。理科の実験が大好きな息子が、地下の実験室に閉じこもっていようと好きなようにさせる。やがてエジソンの才能は花開いていくのだが、この発明工の造物者は実は母親だったということにならないか。

造物者は、人間に「性慾」を与えるかわりに、羞恥心とか恋愛という感情を与えてこの慾望をコントロールするように調整した。多くの人はこの造物者の考えどおりにバランスをとっているのだが、なかにはコントロール不能の者もいる。弁護士などの話を聞いていると、コントロール不能の者の中には性的な感情を抑えることができない者もいるというのは本当だとか。したがって累犯となる確率も高いということになろうか。

先の武者小路の長文の詩をもうすこし深読みすると、造物者は意外に恣意的に人間をつくったといえるのではないか。むろん武者小路は、この「造物者」を宗教上の神や仏にたとえて、私たち人間の心理の蔭にある感情などを巧みに表現している。死を考えることを恐れる〈私〉の前に、造物者はあらわれる。そして忠告する。

「考える余裕のある生活
それがまちがいの始めなのだ
考える前に全生命で生きる
それができて始めて人間
頭だけで生きている人間
それは半分の人間、それ以下の人間
大がいそういう人間は馬鹿になる」

死を考える前に、生命のすべてをもって生きてみよ、それが人間だ。つまり生きることに全力を傾けてみよ、そうすれば始めて人間になるぞ、というわけである。性欲を与えるのには骨が折れたとこの造物者は言うのだが、生きることに関しては、頭だけで生きるような愚かな真似はよせ、と叱っているのである。

ある統計によると、明治四十（一九〇七）年の東京では、男子六万人、女子二万人の学生たちが学んでいた。いわゆる遊学組である。教育の必要が叫ばれたころである。ところがこれらの学生の中には、地元の公立中学に入学できない者もいた。つまり学力は低いのである。そこでどうなるか。「堕落学生」という言葉が生まれるようになる。頭で考えることを放棄してしまうのだ。むろんその一部は、造物者が与えた「性慾」や造物者が嫌う怠け心が前面にでてきてとんでもない状況になったりしたという。

男の学生は、「たいがい中途でやめて、ゆすり集《たか》りや、または良家の婦女を誘惑するようなことをしたり……」。そして女子学生は「知巳の学生の下宿を泊り歩いて売淫をするとか、あるいは洋食店のボーイ、鳥屋の女中、牛肉店の女中等に入りこむのである。（略）各種飲食店の女中酌婦という者のうちには、いわゆるハイカラと称する女学生あがり」（石川天崖『東京学』）が多くなったという。

造物者からみれば、こういう人間はつくった覚えはない、これでは人間社会はだめになってしまう、と怒りたくなるだろう。しかし大都市東京のこういう構図は、今の時代とも重なりあうところがあるのではないか、と私には思える。

日露戦争は近代日本を語るときに、富国強兵の枠組の中でいえば、成功したごとくに語られる。確かにそういう面もあろう。しかしこれを「戦後」という目で検証してみたらどうだろうか。つまり国民の心理状態、あるいは戦争に参加した兵士の心情など、日本社会にどのような変化をもたらしたのか、そのことを軸に俯瞰してみるとどうだろうか、という意味である。橋川文三編著の『日本の百年4　明治の栄光』に語られている内容は、私たちには驚きを与え、意外に思えてくる。つまり学生に無気力が目立つというのだ。

「日本青年の大部分は有為力がはなはだ寡量である。そして彼らのなかには死亡数は驚くべきほど多い。これは近時神経衰弱病にかかる者が著しく蔓延しつつあるに見ても、そうであるということは察しえられるのである。（略）日本青年は団体としてはその個性の発達が薄弱できわめて暗示せられやすく、容易にある事物に興奮する」（石川貞吉「外人の眼に映じたる日本学生の心理」『心理研究』一九一二年五号）

こういう神経衰弱的行動が日露戦争そのものの影響か否か、明確でないにせよ、日本社会で知的青年が生きるのには相応の苦しさがあったということだろう。欧米風の哲学や思想がこの社会に入ってきたとき、日本社会はこういう教えとはまったく別のタイプの人たちの集団だった。月並みな言い方になるのだが、まさに造物者は日本社会は形而上的な思想を抱えこむよりは、形而下的な、つまりは目で見て、手で確かめられるような即物的な対応のほうがはるかに得手というタイプをつくったということだろう。それゆえに思考する、思索する、という傾向の者は神経衰弱になると考えてもいいのではないか。

芯のある奇言奇行とユーモア

明治末期、大正、そして昭和の初めに活躍した弁護士の山崎今朝弥（三章で前述）は、風変わりな知識人であった。「飄逸、諧謔で、奇文を書き、奇言、奇行に富んでいた」と山崎の奇文をまとめた森長英三郎は書いている。その奇言を『地震・憲兵・火事・巡査』という書にまとめたのが森長なのだが、この書にはそういう奇言が詰まっている。山崎はもともと東京の米国大使館前に事務所をもっていたのだが、ここがうまくいかなくなって信州諏訪に一時的に事務所を移したというのだ。その門前に次の表札を掲げた。

「泥棒、掛取り、醜議員の類一切入るべからず」

この表札を承知しながら商品を売った掛金は、請求できるか否かの訴訟を起こさせて、騒ぎを楽しんだりしている。またあるときは、次のような新聞広告をだしたというのだ。「売出しに付き　弁護士大安売　山崎今朝弥」、そして住所は「甲府遊廓大門前旧化物屋敷」とした。

するとと弁護士連中からは品位がないとクレームがついた。さらに、「弁護士は百世の師表、現代の権威でなくてはならぬ、ソレを弁護士大安売とは何事ぞや」と弁護士会からは注文がついた。こんな注文に山崎は平気なのである。ところが事務所の大家からは仮りに化物屋敷でも新聞にまで吹聴することはないではないか、貸す方にとっては大迷惑であり、今後借りる人がいるかいないかはわからないと怒られる。それではと、今後は家主から注文がついたので化物屋敷とは言わないといって、このやりとりそのままの広告文をつくったりするのであった。

これらのことは明治四十年前後のことという。さて造物者は、武者小路実篤のような八十歳になっても少年のような道義をふり回す善人もつくれば、山崎の如く風がわりな人物を同時代人としてつくりあげている。しかしその正直な生き方は、一本の芯が通っていて、私たちをして造物者のユーモアに一時の清涼を感じさせることができるのではあるまいか。

話は飛ぶが昭和二十年代半ば、講和条約をめぐって単独講和か全面講和かの論議盛んな折り、南原繁東大総長の全面講和論に対して、吉田茂首相は「国際情勢を知らぬ曲学阿世の徒」と罵った。怒った南原は総長室に新聞記者を集め、これは昭和初期の学問の冒瀆、学者の弾圧であると怒った。こんな官僚独善は許さないとも言った。このころ南原は左の耳にできたこぶの手術後だったので、白い包帯をターバンのように巻いていた。南原の怒る表情はまさに「国際的」だった。

新聞記者の中には、この光景を二人の日本社会のトップリーダーの構図として幾分皮肉に報じた者もいた。

私はこの記事がずっと印象に残っているのだが、造物者は性慾をつくるのには骨が折れたと言うが、しかし知識人の対立もそこに辛子《からし》を効かせるという点では、「知識人の喧嘩にはひと味の苦味を」と言いたいのかもしれない。

八　江戸期と近代精神には深い溝がある
――小夜更けぬ。町凍てぬ（泉鏡花）

現実が全てという国

泉鏡花は、浪漫派の作家である。読んでいて独特の表現やら文章のつながりに気づくと、その感覚の鋭敏さに驚かされる。私は彼の作品の中の研ぎ澄まされた表現にいつも感服する。

この「小夜《さよ》更けぬ。町凍《い》てぬ」は、『歌行燈』の中の一節である。作家の久保田万太郎はこうした表現を、夢幻感、神秘感といった語で語った上で、作者の意気の高揚が、わずか数行のなかに迸《ほとばし》るといっている。「技、神《しん》に入る」とはこのことともいう。なるほどとうなずける。

マーク・トウェインの『人間とは何か』では、人生に飽いている老人が青年に向かって、「多くの物いわぬ動物が思考を持たないというのは、人間の勝手な思い込みに過ぎない」と説く。人間の愚かな連中より犬や猫の方がはるかに、いくらでも物を覚えるというのだ。犬は飼い主の言葉を理解し、判断する。

「よし、わかった。命令通りにやれば、ほめられたうえに餌までもらえる。逆に別のことをやれば、叱られる」

なるほど、と青年はうなずき、犬もまた思考者だというわけですね、と応じる。老人は、「なに、蚤《のみ》にだって、国会議員にやれるくらいのことは、結構教え込める」と応じる。つまり、人が生きる姿はまさに「小夜更けぬ。町凍てぬ」の夢幻感や神秘感を持てるかにかかっているといっていい。いや、デリケートな心情こそ、人間の特権だという意味になるのだろう。嫌味をいえば、蚤並みの国会議員は日本にも決して少なくないと言っていいのではないか。

人生には神秘性など不要、現実こそ全てというのは、もともとこの国の骨格である。その強さが短期間で一等国へ、そしてたちまち崩壊へとめまぐるしいほどの変化を歴史に刻んできたのだ。この現実性というのは明治初期からの日本社会には数多《あまた》の姿となって現れている。

第四章で前述の通り、明治の初期、二号や妾を持つのは男の甲斐性であった。法的にも認められていた。妻としては面白いはずがない。そこで妻は夜の務めをほどほどの年齢で遠ざけて、若い女性を自ら探してきて夫にさし出すのだとか。解放されたあとは一転して自らの人生を楽しむ。本妻の座は手離さなくていいのだから、気ままに生きられたということであろうか。

このような慣習に風情はない。近代日本の草創期の政治家（大体は下級士族だったのだが）は、このタイプであった。明治初期の政治的有力者にデリカシーに欠ける者が多かったのは、こんなモラルに従っていたからであろう。

明治期の政治家の中で、このような男性本位の道徳観に抗したのが外交官や文部大臣も経験した森有礼であった。彼は明治八年に二十七歳で、二十歳の士族の娘（広瀬常）と結婚したおりに、契約書を交わしている。この契約書には三条件が書かれており、第二条は二人はそれぞれ夫として妻として、その愛をほかに回さないと約束しあう。福沢諭吉が結婚式の立会人だったのだが、しかし十一年後には二人の結婚は解消されている。

理由は定かでない。ただ、森はその直前に文部大臣になったのだが、良妻賢母教育を説き始めたのを見て、あれこれ詮索する論があるのも興味深い。

泉鏡花は森とは同時代人とはいえないが、どのような感想を持ったのか知りたいところだ。というのは鏡花自身、芸妓だった女性との結婚を望んだが、師の尾崎紅葉に「絶対反対」と言われて泣く泣く別れている（尾崎の没後に結婚）。それだけに鏡花の反応は森有礼の行為が奇をてらったのか、それとも本心だったのかがわかるように思う。

自然主義文学の奴等が……

鏡花は、文学の師を紅葉に求め、書生として住み込み、文学の修業を積んだ。そういう生活を通じての文学作品であり、それだけに明治に残る江戸期の空気を巧みに伝える役も引き受けている。

鏡花の描く江戸芸術の世界と対極をなすのは、明治以後の自然主義派の文学である。この全盛期は、評論家たちの言によるならば島崎藤村の『破戒』から、田山花袋の『蒲団』などが書かれた明治三十九年前後から明治末頃までの期間だという。鏡花は現実社会の差し迫ったテーマなどを避けたような作品が多かったせいもあり、文学上では辛い思いもしたようだ。

こんなエピソードがある。鏡花は訪ねてきた文芸記者に、「自然主義文学の奴等がこの俺に飯を食わせない。ひどい奴等だ」と怒った。自分たちの発表の場を邪魔しているとの怒りだ。鏡花文学は現実と葛藤していないとの批判に対する怒りも口にしていた。

鏡花文学の夢幻感や神秘感は、『歌行燈』などでは凝縮された表現の中に滲む感がある。現代詩人の詩を読んでいても、同じ短文でも鏡花とはさまざまな面で異なる。最近、ある老詩人の詩に触れたが、病で入院した時の様子が具体的に書かれていた。その中の一節である。

「手術前に　手洗いには行っておいたが手術中に　小便が　猛烈に催してくる　漏れる　漏れる　大至急お襁褓《むつ》を　と喚く」

以下、老人の入院生活の現実が描写される。老いる、が容易に想像される。その姿の哀しさの対極に夢幻があるとわかってくる。教訓の一つということになるのだが、耽美派の文学書を味わう時には、決して老いては理解できないと知るべきなのかもしれない。

「小夜更けぬ。町凍てぬ」は、ある能楽師が町の一角に立ち、ただひとり謡《うたい》を謡う。小説の最後の描写なのだが、最終の一行もいい。「路一筋白くして、掛行燈の更けた彼方此方、杖を支《つ》いた按摩も交って、ちらちらと人立ちする」。その謡と舞に人も佇むというのである。江戸期に栄えた能楽はその後に寂れ、そして今、また人気がでてきた。それをうかがわせる最後の描写なのである。練りに練った表現である。

私は鏡花はもっと愛読されるべきだと思うのだが、このような作家が、手に触れる物や可視の物しか尊ばない時代に印象が薄くなったのは、仕方がないのかもしれない。

近代日本では徴兵検査に合格するのは、大人になったということだ。実際に入隊する日は家族に付き添われて兵営にやってくる。営門のところで家族と切り離される。初年兵の中には家族と涙ながらに別れを告げる者もいる。ひとたび兵舎にはいると、私物は持てない。最初の一日は上等兵はちやほやしてくれるが、翌日からは地獄になる。とにかくビンタの日々となるのだ。暴力のすべてが軍隊の中に揃っている。

こういう暴力の渦に人間を放り込むと、しだいに人間の感覚がマヒしてくる。加えて正邪の区別がつかなくなる。旧日本軍の指導者に、「なぜ軍内では制裁という名の暴力がはびこったのか」とかつて私は聞いたことがある。その答えは極めて簡単だった。つまり普通の人間を異常な人間に変えなければ戦争なんかできるわけがないと認めるのである。感性豊かな、想像力をもつ優れた人間は初めからつくる気などないということだ。

四文字熟語の夢幻リズム

日本人は、あるいは日本社会は、本来詩歌を愛でることでは優れた感性を持っているのに、それを充分に活かしていないのではないか。近代日本（特に昭和という時代）では、四文字熟語が常に国民を鼓舞するためのキーワードになった。思いつくままに並べよう。聖戦完遂、八紘一宇、東亜解放、戦後では「左」の側でも闘争勝利、全面展開などが使われてきた。

なぜ私たちは四文字熟語が好きなのか。思うに日本語は、この四文字熟語でリズムが取りやすいとも言えるだろう。さらにそのリズムが、私たちの感性にもっとも響くのであろう。これは私見なのだが、祭りの時の闇の中の太鼓は、あるリズムをもって私たちの本能を呼び起こす。それに通じるのが四文字熟語である。そして鏡花文学の夢幻感もまたそれと重なり合うのである。

日本の軍隊は、日本人の中に眠っているそのようなリズムを無視していたところに誤りがあったと言うべきだった。これも私見なのだが、日本人は太平洋戦争に完膚なきまでに敗れた時に、鏡花の表現力の中に潜む心根を学ぶべきだった。「小夜更けぬ。町凍てぬ」「舞いも舞うた、謡いも謡う」といった具合に、余計な修飾語を使わずに現実を受け入れるべきだったのだ。あれこれ理由をつけて敗戦を「終戦」などと言う前に、「戦った。敗れた」、それでよかったのだ。

敗戦後、日本にやってきたGHQの兵士が書いた記録に目を通したことがある。東京のあるキャンプの野戦食堂で兵士たちが食事を摂る。食べ終わると食べ残しを大きな缶に捨てていく。その缶はすぐにキャンプの外に持ち出される。日本の子供たちが弁当箱を持ってきてそれを詰め込み、家に持ち帰る。子供たちはアメリカ兵に、もっとたくさん捨てて欲しいとねだっている。この現実を知ったうえで、もう一つ別の現実を知るべきなのだ。

大本営で戦争指導に当たった参謀のひとりで、参謀本部作戦課長だった服部卓四郎は、アメリカ側の要請に応じ旧軍人の指導層を集め、アメリカ側から見た戦史づくりに協力している。日々食うや食わずにいる日本人とは別に、ふんだんに缶詰や贅沢品、それに高い報酬をもらい、それこそ飽食と着るものには困らなかったという。

飢えた子供とその家族、それと対峙する贅沢三昧の軍官僚、戦争責任のある者がいい思いをしているという現実を、私たちは忘れてはいけないとも言えるのだが、逆に言えば、戦争を始めた軍人なんかは自分のことしか考えていないという意味になる。国民のことを少しでも考えている軍人は少数に過ぎないのだ。

「都市アリ地獄伝説」

もうひとつ、軍隊の話になるのだが、日本の軍隊では脚気《かっけ》が宿痾のようなものだった。特に明治期はそうだった。ところが陸軍には脚気が多いのに、海軍にはまったくいない。理由は簡単だった。海軍はパンや麦飯が主食、陸軍は白米のみ。こっちは白米が腹一杯食べられるぞと宣伝したほどだ。江戸時代には農民でさえ白米は夢だったのだから、陸軍はそれに応えたというわけだ。日露戦争では脚気で充分に歩けないのに戦場で戦わされたというのだから、まさに悲劇である。まるで、フラフラした足取りの酔っ払いの戦争だったとの手記もあるほどだ。

脚気と凍傷は日本軍兵士に共通する戦争病だったのである。昭和に入ってのことだが、陸軍大臣の東條英機は、脚気など軍医が大丈夫だと言えば兵隊は納得するというような言を平気で口にしていた。なにごとも精神力でというのが、この指導者の欠陥であり、病も精神力で治せと言って恥じない。

私は、鏡花文学が自然主義文学から目の仇《かたき》にされたという前述のエピソードが興味深い。これはつまり、近代日本の精神と江戸の復古的な精神との間に溝があったことを語っているように思う。私自身は目下江戸期に関心を持っているので、江戸期の視点で考えてみたいのだが、江戸っ子は三代もたないとの俗説がある。これは江戸に住むというのは決して健康的ではなく、「農村から健康な血を入れないと人口の維持ができないということを意味している」（速水融『歴史人口学で見た日本』）そうだ。

速水氏は、「都市アリ地獄説」という造語を提起している。それによると、もともと都市はアリ地獄のようなもので、人を引きつけておいては高い死亡率で人を殺す。それゆえ地域全体としては人口は増えずに、江戸期の人口はだいたい百万人ほどを維持していたという。歴史人口学という視点は確かにうなずける。

自然主義派の作家は「江戸（東京）」にあっても次第に健康的な空間での目をもつのに、浪漫派はそれとは一線を引いていたと言えるのだろう。

九　「歴史」の中に位置する自分を裁く

——誰か私に代って私を審いてくれ（横光利一）

近衛文麿と大杉栄

昭和三十年代初め、かつてのプロレタリア文学に興味がなかったので、新感覚派の作家たちを集中的に読んだことがある。特に横光利一が好きだった。ストーリーも、そのテーマも充分に理解できなかった記憶がある。十代ではまだ理解力がついていけなかった。

その横光に『機械』という作品がある。改行が極めて少ない作品で、主人公の「私」が仕事場（町工場のようだが）の社長や同僚を見つめるのだが、そのテーマは果たして何か、わかりづらい。新潮日本文学の横光利一の巻（14）での篠田一士の解説によるなら、この作品は「『四人称』の設定という、およそ『私小説』の描写技法からは一寸《ちょっと》考えられないような大変難解な着想」であり、「新しいヨーロッパの文学の器のなかになんとか生かそうとする作者の苦肉の策」と分析する。

大量の仕事の注文を受けたために他の工場から工員を借りて来るのだが、作品の最後で、その人物が酒盛りの折に酒とアンモニアを誤って飲み死亡する。実は彼は殺害されたのではと「私」は疑う。いや私が殺したのかもしれないと混乱する。「誰かもう私に代って私を審《さば》いてくれ」。この語は意味するところが大きい。

この語にもっとも反発する歴史上の人物といえば、昭和十年代の首相である近衛文麿であろう。近衛は昭和二十年十二月に自決するが、それは巣鴨プリズンへの出頭を命じられた最終期限日の早朝だった。近衛は、連合国に裁かれるなら死を選ぶというのであった。まさに私を裁くのは私であるというのだ。ここには、私に対する国家の仕打ちを認めないとする意思がある。本来こういう考えの持ち主だったのに、国家によって惨殺された人物は多い。その例にアナーキストの大杉栄をあげていいだろう。

大杉は関東大震災の折に、甘粕正彦大尉によって惨殺された。直接の下手人は甘粕ではなかったとの説もあるが、大杉はなぜ殺されたのか。しかも国家機関に、いわれもなくである。もっともわかりやすい説明は、「近代日本の国家と陸軍とは幸徳（秋水）と大杉たちを〈アナーキズム〉と〈直接行動論〉とともに殺したのである。それ以来日本人はアナーキズムとは何か、直接行動論とは何か、はたしてそれらは彼らの殺される理由をなすものであったのかを問うこともなく、闇の中に置き棄ててしまった」(『「大正」を読み直す』子安宣邦)である。

誰か私に代って私を裁いてくれ、という言葉は、国家が残酷な体質を持っている時は軽々に口にしてはならぬと、教訓として覚えておくべきだろう。

タマに化けたホトケ

日中戦争が始まったのは、昭和十二年七月七日の盧溝橋事件からだが、たちまちのうちに拡大していった。両国にその意思があったからだが、この「戦争」が始まるや事変ジャーナリズム下で繁盛する人物が目立ち始めたと、大宅壮一がその年十一月に雑誌に書いている。戦争評論家でウケているのは武藤貞一だという。全ての雑誌に記事を書き、書き下ろしの単行本も次々と著したそうだ。

大宅はその原稿料がどのくらいになるか試算してみせている。単行本の印税は一万八千円になるとのこと。しかし本の内容はひどい。そのあとがきに、「日本の戦時体制がいよいよ本格化してくれれば、勢い安政元年当時の状態をもう一度くりかへさざるを得なくなるであらう。仏像を鋳潰《いつぶ》して弾をつくるに至つては皮肉以上の皮肉。タマに化けたホトケにもし霊あらばなんといふだらう。いや一切衆生のやることだ。ホットケホットケといふかもしれぬ」とあるそうだ。これでは大阪漫才ではないかと嘆き、こんな本でも煽り立てると何万も売れるというのだ。

このほかにも戦争ジャーナリストがはびこっていると、名指しでそのおかしさを描き出すのは大宅流の文筆作法である。世界に向かって「私」を裁くことができるなら裁けというのがこの頃の日本で、戦争ジャーナリストはその囃し立て役ということになろうか。考えれば昭和史は日中戦争が崩壊の因になったのだから、「私を裁け」という開き直りは少々傲慢だったということになる。

太平洋戦争という戦時下にあって、死は日常的であり、自らの死と他者の死とは紙一重でもあった。昭和十九年六月のサイパン島での戦いである。この地で戦い、そして運よく帰還することができた兵士の著した書（川上定『運命の島』）によると、二人の日本軍の将校が、二人の兵士を脱走兵と見誤り、惨殺する。これを知った兵士の仲間が将校をピストルで射殺する。そうすると民間の日本人は、「これでいいんだ」とうなずき合っていたというのである。将校を兵士の仲間が裁いたのだ。このような光景が日々決して珍しくなかったことは、戦争のモラルが基本的には裁く裁かれるの上に成り立っているためであろう。

横光の『機械』の「私」は、他の工場から助っ人に来た工員を実際に殺したか否かはわからないが、この工員に工場の秘密の技術が盗まれるのではないか、との不安を持ち続けていた。「私」は自分には彼を殺す理由があると知っている。しかし「私」は自分が何をしてきたかなど少しも知らない。誰か教えてくれ、と言わんばかりの末尾の文章は、あるいは横光は私小説の無残な敗北を言いたかったのかもしれない。この作品が書かれたのは横光のもっとも脂の乗り切った昭和五年、三十二歳である。あえて推測を加えれば、横光はこの時代の背景をそれとなく匂わせていたのかもしれない。

横光利一のような作家は真に才能のある作家というべきではないか。二十代から文筆活動を続け、質の高い作品を発表している。志賀直哉に対して抱いた反発は、単に私小説に対する批判というよりも志賀の出身階層への不快感もあったのだろう。四人称を用いるのは、三人称を超えた目で、白樺派や権力を超えたかったからに違いない。

昭和の軍はなぜ退廃したか。それは軍官僚がまるでこの国の歴史からも権力が付与されたごとくに考え、歴史と時代の二面から国民を侮ったからだ。昭和十六年一月に陸軍大臣の東條英機の名で出された戦陣訓の中に、そうした侮りが凝縮している。その中の「名を惜しむ」に、「恥を知る者は強し。常に郷党家門の面目を思ひ、愈々《いよいよ》奮励してその期待に答ふべし。生きて虜囚の辱を受けず、死して罪禍の汚名を残すこと勿《なか》れ」がある。確かに文章は整っている。島崎藤村が筆入れしたと言われているが、しかしこの名文で兵士に死を強制しながら、軍事指導者自身は安全地帯にいて国民を鼓舞していたのだ。そして戦後は「私を裁かないでくれ」というのだから、土台から発想が異なっているのである。

戦場体験者に話を聞いていると、戦陣訓のためにどれほどの兵士が犠牲になったかは想像できないという。にもかかわらず、戦陣訓を軍内に通達した当の東條が自決に失敗し、命乞いのような状態で米軍病院に運ばれたのは、兵士たちの失笑を買った。これは日本の軍事指導者が、まるで四人称の世界(「私」だけが安全地帯で命令を出している)で国民を鼓舞していた事実が明らかになったことを意味している。

東條はまさに「私に代って私を審いてくれ」と言っていたのである。

軍人の中でも、ＢＣ級戦犯裁判で部下に責任を押し付けて死刑を免れた将校は決して少なくはない。通訳に過ぎないのに罪を被せられた学徒兵のケースなどを見ていくと、その理不尽さに呆れる。戦後社会はそのような欺瞞でできあがっていることも、知っておくべきであろう。

「私は私の私となった」

明治維新百五十年という枠内で、私を裁いて欲しいという側に立っているのは、つまりは文学者たちである。『山頭火俳句集』に目を通していると、自らを裁く日々であることが、その日記からは窺えてくる。例えば昭和十三年五月六日から十九日までの間の記述である。酒に溺れる日々。そして書く。

「肉体的にはとうとう吐血した、精神的には自殺に面して悩み苦しんだ。死、そうだ、死がもっとも簡単な解決、いや終局だ、狂、狂しうるほどの力もないのだ。死、死、死、そして遂に死ななかった、死ねなかった、辛うじて自分を取り戻した、そして——夜が——私の夜が明けたのである、幸にして(不幸にして、かも解《わか》らない)、私は私の私となった」

山頭火のこの心境は、なんのことはない、見事なほど横光の『機械』の「私」に通じている。旅の俳人である山頭火のその人生は、『機械』の主人公とは全く別の次元で生きていながら、死と向き合う段階で、同じ境地が語られるのだ。

山頭火はつれづれなるままに、随筆のような寸言を書き残している。なかなか本質をつく言もある。例えば「底から」というタイトルの寸言集には、「人生を表象すれば、最初に涙、次に拳、そして冷笑、最後に欠伸《あくび》である」といった言が盛られている。人生の通過儀礼をこのように言ってしまうと身も蓋もないのだが、しかしある生き方を貫けば、このような言い方はできる。「最後に欠伸」は退屈、全て終わりといった表現にもなるのだが、この心境には私たち誰もが達するのではないかと思う。たとえ初めは涙でなくとも、あるいは拳や冷笑でなくとも、人生の最後は欠伸であろう。死という眠りにつくための欠伸といってもいい。

「四人称」で歴史の裁きを

縄文人の土偶について言えば、例えば北海道では本州では見られない男女ペアの土偶が発見されるという。これは自分たちの姿を模したものではなく、精霊の仮の姿であろうといわれている。死はあの世での再生への旅路である。この世に残した己の姿に別れを告げつつ自らの生を清算していく北国の縄文人は、現代の私たちよりもはるかに神経が細やかであったのかもしれない。このことは横光が主張した四人称に通じるかもしれない。自分を見つめるもう一人の自分は、人間に備わった本能かもしれないのだ。

客観的に自分を見つめるのは、そして自分を見つめる自分を自覚するのは、戦争を体験した世代にはよくありがちなことのようである。日露戦争の後、ロシア軍の捕虜約七万二千人が日本全国二十九カ所の施設に収容された。日本全国といっても西日本が多かったのだが、この頃の日本は、捕虜を人道的に扱うようにと政府の通達があり、国民も珍しそうに捕虜を見つめる程度で各地では揉め事はなかった。しかし、捕虜たちを取材した記者の証言によると、将校と兵士の間には教養の違いがあり、将校は人力車に乗り、従卒を従えていたというのだから、戦争に負けても身分は変わらないと考えていたのだ。これは太平洋戦争後にシベリア抑留された時、日本軍の将校が要求したこととも合致する。

ロシア軍の捕虜の中には、人間的に優れた者も少なからず存在した。例えば、松山に送られてきたバルチック艦隊のナヒモフ号艦長は、沈められた艦に自身の身をゆだねていたが、奇跡的に浮上し、日本の漁民に助けられた。そのお礼に金貨を託している。名古屋の収容所では、ある少尉が新渡戸稲造の『武士道』をロシア語訳して母国で刊行ししている。こうした例を集めていくと、戦争という空間はいかに人間を反知性、反感性にしているかがわかる。捕虜の意識は戦場で戦う兵士と平和な空間での庶民、そして一個人としての生活などが入り混じり、収容所で落ち着くにつれ、兵士の顔を捨てていき、一人称の世界へと戻っていく。結局、昭和の戦争で日本軍がそれを許さなかったことが、非人道的な軍事集団になってしまった理由だろう。

私たちの日常にあえて、「四人称」を持ち込み、今の自分を見つめるもう一人の自分を作ることで、「歴史」の中に位置する自分がわかる。そして歴史に裁いてもらうことは必要なのである。

十　「聖」を求めて「俗」の天下へ

――風立ちぬ、いざ生きめやも（堀辰雄）

手を見て人を見た時代

私たちの年代は、青年期によく堀辰雄のような繊細な文章を読んだものだ。日常のがさつな生活は、心が和む文章に触れて気分を切り替えた。私は小説のストーリーは忘れても、細やかな表現は記憶に残っている。そうした表現を自在に用いて文章を書きたいと思ったものだ。

青年期に結核を患い、病との戦いに一生を送った堀の人生は、いわば幸が薄いかのような言い方もされるが、しかしその作品を読めばなんと幸せな人生だったのだろうと祝福したくもなる。私たちにどれだけ人生への道を示してくれるのか、堀を愛する者の共通の心理はそこにある。

堀の代表作『風立ちぬ』（昭和十三年刊）の冒頭に、主人公の「私」が婚約者にさりげなく呟くヴァレリーの詩句がある。次の言だ。

「風立ちぬ、いざ生きめやも」

「私」が婚約者を軽く抱きしめていると解釈できるのだが、「私」の引き出しには実にさまざまな言葉があり、それを駆使している。その一つがこの表現である。この表現にまつわることといえば、私はすぐに大宅壮一の一文を思い出す。

それは昭和三十年代のことなのだろうが、大宅の友人（社長だそうだが）は人物の採用は、手を見て採否を決めたそうだ。履歴書や口頭試問よりはるかに、手はその人物の来歴を語るのだとか。

親指にタコがあるのはパチンコの常習者、人差し指の先が固くなっているのは麻雀し過ぎであり、採用には二の足を踏む。人差し指と中指の間にタコができているのは警戒が必要で、これはペンを握り続けている証拠。謄写版の原紙きりのベテランということになるのだとか。今はこんな時代ではなくなったが、人物鑑定に手を使う時代、『風立ちぬ』の、この今、生きている実感を味わう繊細さと対比して何やら虚しくなってくるのだ。

「生きる」、というのは、自らの顔の皮膚に微妙な刺激を実感することだ。その風とも空気ともつかない刺激を自覚した時、私たちは生きていることの「今」を自覚するのである。そういうデリケートさのない人生はいかに殺伐としていることだろうか。そういう例は、意外に多いのだ。

昭和の初め、不況がどん底にまで達した折の就職難時代のことだ。求職者は必死で、履歴書に嘘を書いた。「満州国」のある日本企業が、社員の履歴書の学歴について調査を行った。つまり本当のことを書いて入社したのかを調べたわけだ。すると三分の一は中途退学を卒業したように書き、残りの三分の二の中には一度も通ったことのない大学や専門学校の名が書かれていたという。こう書くとわかるが、堀辰雄が『風立ちぬ』を書いていた時代、生きるためにはそんな繊細さなどより、とにかく生活をどうするかで、まさに必死だったと言える。

『皇軍史』に見る腐敗と堕落

堀は自らの育った時代や生育環境について、『幼年時代』という作品を残している。裁判所の監督書記を父として持つが、父の実家を継ぐために堀家の子として育った。しかし、江戸の下町で育った割にはそういう肌合いをもっていなかった。私が堀に関心を持つのは、彼は小説でも決して下町を舞台にしないし、人間観、日常の振る舞いなどすべて実生活から離れていたからである。

なぜ堀は、自らの環境とは一線を引いて、文学の世界で独自の空間を作ったのだろうか。このことを「逃避の文学」と評する論者もいる。堀の文学上の弟子を自認する中村真一郎は、「堀辰雄は明治伝来の『私小説』作家とは異なって、強烈な別世界を夢見ることに、文学の喜びを発見する資質の人であったのだろう」と言っている。一高、東京帝大と進む中で、堀は文学により、自らの異空間を作り上げていったというべきであろう。

こう考えると、堀には「聖」なるものを追求することで、「俗」から脱出することが文学上のテーマだったのかもしれない。加えて、当時は不治の病とされた結核との闘いも彼の文学の支えとなった。結核であるがゆえに、社会との必要以上の関わりを持たずに済んだのであった。「聖」を守り得たのである。

「聖」を守りぬくために「俗」とどのように対応するかは、実は私たちの日常の生き方の中でも問われている。戦争の時代、昭和のもっとも「俗」がはびこった時代、ここで戦争に反対、ないし徴兵を拒否した人たちにどんな抵抗の仕方があったのか、かつて私は興味があって調べてみた。その結果、次のようなタイプがあることがわかった。

　ひとつは病になること（仮病も含む）、二つ目は死亡届を出すこと、三つ目は日本から脱出すること、四つ目に自殺すること、五つ目に精神疾患を装うこと、などである。むろん私はこのことを確かめるために、その証言を行なった者と直接に接して具体的に話を聞いている。死亡届を出した人物は実際に葬式を行なったという。自らの信念に従うこと自体は「善の具現」である。しかし配給通帳から始まりあらゆる不便に耐えなければならない。いや、それどころか迂闊《うかつ》に町も歩けない。

　死亡届を出して戦争に行かないことはかなり難しい。「聖」であることは「俗」の否定にもつながるのだが、この人物はとにかく戦後は人びとの賞賛を受けるはずと思っていたという。

　ところがその行為は誰の賞賛を浴びることもなく、批判のみだったというのだ。自分の行為を英雄的と思っていたことに、彼の大いなる錯覚があったということだろう。左翼陣営がこの行為に一切触れないのも私には興味深かった。仮病のふりをして徴兵拒否を試みた人物は、私の取材に、「自分の命が惜しかったから」と淡々と話していた。その方にむしろ「聖」の感覚が感じられた。

昭和の太平洋戦争はなぜ「聖」たり得なかったのか、政治的、軍事的指導者は、この戦争は「聖戦、聖戦」と執拗に繰り返した。これは日本には邪悪な侵略の意思はないといった意識の裏返しであった。「聖戦と叫べば聖戦になる」との錯誤には恐れ入るが、この意味を具体的に見ると、昭和十八年に陸軍の教育総監部が刊行したある書に行き着く。『皇軍史』という書である。

この書では、今我々が戦っている「大東亜戦争」は建国以来の神軍の戦いだと説く。日本は、神武天皇とその配下の武将と兵士たちが平定した神の地だというのだ。神武天皇という神、それに従った神兵、まさに神の戦いを今、私たちは戦っている。嗚呼、この聖戦を戦う時代にめぐり合わせた私たちは何と幸せなのか、と自賛する。

そして声高に説く。江戸時代の武士、明治初期の軍人、いや戦国時代の武将たちはなんと哀れなのだろうかと。忠誠心の発露を間違えて、大名や藩主に忠誠を誓ったに過ぎない。それにくらべて我々は神に命を捧げ、神の兵隊として聖戦に従事している。『皇軍史』はまさにこんな風に説いて、臣民を鼓舞した。

こうして説かれた「聖」は、その分だけいかに腐敗していたか。国民を本土決戦に駆り立て、兵士に特攻と玉砕を要求し、「神兵」の命などまさに二束三文のような扱いを行なった。「聖」の陰に堕落があったのである。この堕落は日本史総体の中でもっとも救いがないほどの体たらくでもあった。

成り行きファシズム

いわゆる日本のファシズムはドイツやイタリアと違い、特定の思想や理念によって作り出されたのではない。成り行きでファシズムになった。だから私は、正確にはファシズムだと思っていない。

ファシズム国家はファシズムを理念として掲げて、その理念の具現化を目標とする。従って自らの行為の正当性を主張する。ところが日本の場合、それぞれがそれぞれの場で懸命に働いて、その結果が一般にいうファシズムなのである。懸命に働いてなぜ悪いのか、というのが日本人の発想の中に見られるのだ。そして何から何まで懸命に「聖」を求める。

一例をあげよう。昭和十六年九月に『昭和の国民礼法』なる書が文部省制定として刊行された。冒頭の「序」の最初の一行は次のようにある。

「礼は人として必ず履《ふ》み行はなければならない大切な道であつて、君臣の義、父子の親《しん》、長幼の序、上下の分、みな礼によつて自然に斉《ととの》ふものである」

つまり天皇を神として崇める臣民には、それにふさわしい礼儀作法がある、その礼をこの書で学び、礼儀正しい国民になれというのであった。そこには、「神明を敬ひ」「祖先を尊び、朝夕必ず神棚・霊位等を拝する」とある。食事のありうべきマナーまで教えている。「食事に当つて」では、「ナプキンを席に着くや否やとつてすぐひろげるのは早過ぎてよくない。又、ナプキンで顔や頭などを拭いてはいけない」と日々の生活全般にわたって、かくあるべしと説くのだ。

こんなところまで国家が介入してくるのは、いささか気持ち悪いのだが、しかし国家が独裁体制を確立していくと、ここまで個人生活に踏み込んでくる。何から何まで管理しなければ気が済まない、というのが国家の本音なのである。

「聖」なる国家という思想には一人の人間をロボット化していく、との強い意志が現れているといっていいのではないか。息苦しいこと夥しい。この苦しさの中に身をおくといつの間にか慣れていき、ロボットの楽しみに満足する人間になっていくのかもしれない。太平洋戦争下の日本社会とは、まさにそうだったのだ。

芥川の精神的な貴族性

堀辰雄は、友達を選ぶのに慎重だったという。彼は、先輩作家として芥川龍之介、室生犀星、佐藤春夫の三人に近づいた。結果的にこれらの先輩作家の薫陶を得て、文学の土壌を固めていった。とくに芥川に親近感を持った。堀はその縁で文学的には発表の場に恵まれていると嫉妬された。しかしそういう機会が実る前に芥川は自殺した。

芥川の自殺は、堀に新しい文学的な目を開かせることになった。前述の中村真一郎は、芥川は次々に異なったテーマ、素材、文体、舞台に取り組んだが、堀は才能をすりへらすようなそうした創作態度を避け、一つの主題を徐々に発展させるといった方法を選択することにしたというのである。堀が自らの作品（『聖家族』）に芥川をモデルとする人物を登場させたのは、自らの精神と生活を対比させたいがためだった。堀は心中では芥川の中に見える「聖」を描きたかったのだろう。

芥川の本質は精神的な貴族性にある。その心中の高邁さに堀は打たれていた。芥川の自殺は、昭和の時代が軍事や革命の暴力によって、「俗」の天下になるような不快さに耐えられなかったからと、堀の中では考えられていたように思う。堀の中に「風立ちぬ、いざ生きめやも」との詩句が浮かんだのは、まさに芥川の死を耳にしての実感だったのだろう。

芥川の自殺の頃、東京の町々にはモボ、モガの時代が現出していた。流行《はや》りの服装や、いかにも都会風の話し方で新しい時代風潮を作っていた。新時代という語がモボ、モガにはかぶせられた。そのころ売れっ子の評論家である大宅壮一は、そんなのは本当のモボ、モガではないと皮肉った。本当のモボやモガはこんな人物を指すのだと一例を書いている。

彼女はまだ十八歳だという。父親は聖人と言われた宗教家、母親はプロレタリア解放運動の活動家、義父はやはり革命政党の幹部だという。彼女は幼少期から母親や義父の検束を見て育った。時に警察署で育ち、彼女に家庭はない。警察や監獄、街頭が家庭だというのだ。モガは社会的因習にこだわらない。彼女こそ真のモガだと評している。

一面で、この十八歳の女性の中に、モガの「聖」があるというのだろう。大宅らしい皮肉である。

十一　歴史には予兆となる動きがある
――女の背は燦爛とした（谷崎潤一郎）

日本的な美風の衰退

「刺青」は谷崎潤一郎の処女作と言われる。この作品は明治四十三年十一月に『新思潮』に掲載されたのだが、実はこの前にも一作を発表しているので厳密には第二作ということになる。永井荷風がこの作品を激賞したために、一気に世に知られることになった。

「刺青師清吉によって、美しい背中に女郎蜘蛛の刺青をされた若い娘が、それによって過去と訣別して、全く新しい別の女に生まれ変るという話」（井上靖の解説文）。「女の背《せなか》は燦爛《さんらん》とした」は、この作品の最後の一行である。朝日が女の背中の刺青にさして艶かしく輝くという表現で、この女のこれからの人生が暗示されている。

本書は、文豪の作品の中の巧みな一節を抽出し、それを尺度にして近代日本の歴史空間を散歩するのを狙いとしている。あちらこちらをときには酔人のごとく、ときに頑迷な老人のように歩を進めていくのである。本章では、刺青師清吉が自ら作り上げた作品にその人生を奪われていく姿と、歴史上の人物たちが重なる図を考察してみたい。

明治十年の西南戦争はある悲劇性を持っている。西郷隆盛が私学校の生徒たちに促されて決起した時に、弟の従道は東京にあり、新政府の要人だった。従道は決起を聞くと、むろん困惑したであろうが、決起は私学校の連中の仕業と考えた。兄の隆盛がこの期に挙兵する必要はないと言い、熊本城を攻撃する際の戦術も隆盛の考えではないと周辺に漏らしている。実際に隆盛は門下生や新政府時代の部下である桐野利秋らの説得に「おはんたちがその気なら、おいの体は差し上げもそ」と応じたのはよく知られている。

隆盛のこの言葉はいかようにも解釈できるのだが、死に場所を見つけたというのが本意であろうと思える。西郷は日頃の自分の言動がこのような形になりうることを想定していたといっていい。明治六年に征韓論に敗れ下野して鹿児島に帰る時に、隆盛は共に鹿児島に戻るという従道に、東京にあって職務に挺身するように説いていた。弟の能力が新政府には必要だと理解していたのだ。確かに従道はその後、近代日本の海軍を整備していくなど多くの役割を果たした。

隆盛と従道はネガとポジのような関係にあった。従道は隆盛とは十五歳の年齢差があり、常に兄を慕い、そして忠誠を誓っていた。結局のところ隆盛は実弟の従道を通して、近代日本の建設に貢献したといっていいのではないか。まさに従道は隆盛により刺青を施されていたと言っても、言いすぎにはならないであろう。

日本社会はかつて老人たちを敬う習慣を持っていた。いわば敬老社会である。ところが核家族化により、老人たちはいずれも孤立した状態で日常を過ごしている。その結果が振り込め詐欺などの温床となった。老人が孫や子供と一週間に一度は電話で話す、あるいは自宅訪問するというのは、スウェーデンなどの北欧社会、アメリカでは八十パーセントを超えている。韓国でも六十パーセントを超える。ところが日本社会では、わずか五十二パーセントだというのである。親が子供や孫の声を聞き分けることができない社会になったのだ。これは皮肉でもなんでもないのだが、今度は老人たちが子供や孫にむかって詐欺行為を働く時代が来るかもしれない。「おれおれ詐欺事件」ならぬ「わしわし詐欺事件」の時代に突入とのニュースが報じられるかもしれない。

振り込め詐欺が流行するというのは、もう一つ重要な理由があるように思う。それはこの社会の共同体が崩壊していくとの現実である。つまり日本的という「美風」が意味をもたなくなるのだ。子供が経済的に逼迫したとか金銭で困った状況にあるというのは、親にとって不安なことだ。しかし子供がどのような状態にあろうとも、親は関係がないと割り切れば振り込め詐欺は成り立たない。勘ぐればそれが個人を尊ぶ人類史の歩みであるとすれば、振り込め詐欺は近代日本の民俗学的な問題を提示していることになるのではないかと思える。

変容するデモクラシー

谷崎は「刺青」の中で、何を訴えたかったのか。文学史の流れで言えば、この作品の発表はいわば自然主義的方向に進んでいる時期に、浪漫主義的な方向を示す役を果たしたとの見方がされる。確かにこの作品は奇妙な読後感を漂わせている。谷崎はこの作品を発表して以来、天才作家と言われてきた。その所以《ゆえん》は小説の中で描きだされる世界が人間の持つ異様さを取り上げ、登場人物の心理を見据えているからであろう。

「刺青」の中でも、芸妓見習いの少女が、刺青をされた後からは、刺青師の清吉と立場が一転していく。〈男を食っていくであろうこの見習いの、実は清吉こそがその第一号である〉という場面が読みどころになっている。

繰り返すが、振り込め詐欺は老人が主役になって、子供たちからお金を巻き上げる時代にと変化するかもしれない。「刺青」と似たような状況である。さてこんな理解の上で、歴史を見つめてみたい。日本とアメリカの歴史を見ると、アメリカ社会で日本人差別、あるいは排斥が最初に起こったのは明治二十年である。サンフランシスコの市長選挙で、候補者の一人（アイルランド系）が、市民の人種的反感の感情を利用して、日本人排斥を訴えた。その頃サンフランシスコ周辺にはわずか千人足らずの日本人がいたに過ぎない。この演説はそれほど多くの衝撃を与えたわけではない。

しかしこれ以後、ことあるごとに日本人排斥の動きがあり、カリフォルニア州の議会に法的な規制を求める事態にもなっていく。日本人の移民も激増し、明治三十四年から四十一年までの間に三万七千人が移民したという。メキシコ、カナダからも一万人が転入したというのである。なぜ日本人は嫌われたのか。

その理由を並べてみると、自分たちでまとまりあまり周辺に溶け込まない、よく働き、賃金ベースをダウンさせる、言葉をなかなか覚えない、宗教上の信仰を持つものが少ないといったことなどが挙げられる。日本人の生活ぶりに違和感を持つ人たちが多かったという点が大きいのである。

昭和に入ると、アメリカには十三万人の日本人が住むようになった。二世も増えて、次第に社会的力を持つようになった。昭和には排日移民法が屈辱的と批判されるのだが、この裏側を見ていくと、東洋人差別の対象としての差別も入り混じっていて、情勢は複雑なことがわかる。つまり太平洋戦争は歴史的矛盾といった側面があることもわかってくる。

日系二世の太平洋戦争はむろんアメリカへの忠誠心を拠り所にしているが、もう一面で「刺青」の若き芸妓みたいな側面がある。アメリカの市民権を得て、つまり背中に清吉の刺青を得て、考えも変わり、清吉というアメリカを虜《とりこ》にしていったのである。清吉イコールアメリカと見た場合、戦後の私たちもアメリカンデモクラシーを自分たちのデモクラシーに変えていく宿命をもつ。

近代日本はいくつかの点で極めて後進国というべき点がある。デモクラシーを名乗ることなどはおこがましいといっても良い。例をあげる。昭和二十年八月の太平洋戦争の敗戦時に公文書を焼却したことがその一例である。

この文書焼却を細部にわたって調べていくと、昭和史の中での権力者の背中から本音が漏れていることがわかる。歴史や時代に背を向けて密かに書類に火をつけている姿が想像されるが、しかしその背中には「あかんべえ」と舌を出している己の姿が彫られている。つまり国民は知っているのである。無責任の極みの人格やら、名声に傷が付くという思い込み、そして欺くことへの恐怖心、それらに怯えて震えているのである。

なぜ軍事指導者たちは怯えたのか、理由は簡単だ。第一にアメリカが行う戦争裁判に震えていた。現実にニュルンベルク裁判が行われていて、そこではナチス勢力が徹底して裁かれていた。第二に自分たちと天皇の関係で、天皇に伝えている情報が偽りであることの隠蔽、この点は特に陸海軍の指導者たちに共通する怯えであった。あえて第三としてあげておきたいのは、末代までに恥を残したくなかったのである。

史料焼却の理由は、つまりは「公なく私のみ」だからである。この手の官僚のあり方は今に至るも伝統として受け継がれている。森友・加計問題での官僚たちの国会答弁は前を見て話すのではなく、背中を見せて話してほしい。国民を愚弄している姿がよくわかるというものだ。

「もっと本気になって！」

女性解放運動の先駆者である平塚らいてうには、自伝ともいうべき『元始、女性は太陽であった』という著作がある。明治十九年に東京に生まれ、結社「青鞜」を作り、先鋭的な運動を展開した。この自伝は、近代日本がまだ女性の権利や社会的地位などに特別の意識がなかった時代にいかに自らに忠実に生きたかの証のような書である。文学にも関心を持っていたが故に、新進作家の森田草平からも注目されるのだが、巧みに森田に誘い出されてのデートであちこち歩き、レストランでの夕食の後、上野公園にやってくる。自然石に座っての会話。そして次のように事態は展開する。

「しばらく灯のはいった遠景を眺めていましたが、先生はやおら起って、土の上にかがみ、あたかも中世紀の騎士が貴婦人にするような格好で、わたくしの垂れている袴の裾に接吻しました」

そのあと平塚の手の甲や指先の二、三本を噛んだり、含んだりするというのである。こうした行為がなんともわざとらしく、心がこもっていない。この日、会ってからのふるまいに人間としての真実がない。平塚は我慢がならない。「先生！」と叫んで立ち上がる。そして次のように書く。

「『本気でやってください。ウソはいやです。もっと本気になって！』と先生に跳びかかりました」

まだ彼女は性体験もない。むろん、そのような愛撫を受けたこともない。彼女は偽善に我慢がならなかったのである。この時を機に二人の関係は一歩前に進み、やがて駆け落ちのような状態になって世間を騒がせるスキャンダルになる。明治の後期にこういう女性がいたということに愕然とする。

谷崎は刺青を通じて芸妓の世界の妖しい男女関係を描いた。その作品が発表された時代に平塚のような自覚する女性がいたのである。まさに平塚の背は「燦爛」としていたのだ。谷崎は近代日本の文豪として、平塚は女性解放運動の先駆けとして名が残り、森田は漱石の弟子の系譜に入っている。大正や昭和とは異なった時代の空気に触れて、私たちは歴史というのはいつの時代にも予兆となる動きがあるのだなと感嘆するほかない。

ポストモダン思想の躓き

私にとってさして興味のある分野ではないのだが、時に難解な書に触れるのも頭の訓練になる。最近のこと、そうした書の一冊を読んでいたら面白いエピソードに出会った。

ポストモダン思想が一時ほどの影響力を失ったのは次のようなからかいがあったためのようなのだ。著者（『「生命多元性原理」入門』、太田邦史）は次のように書いている。ポストモダン思想と「自然科学の研究との関係でいえば、どうしてもふれざるをえないことが一つある。『ソーカル事件』である」というのだ。

この事件は、ニューヨーク大学の物理学者アラン・ソーカルが、ある専門誌にニセの論文を投稿して掲載されたというのである。ポストモダンの研究を賞賛して、もっともらしい数式とアインシュタインの相対性理論などに言及し、ポストモダンの理論は正確に裏づけられるとの内容だった。ところがこの論文はでたらめの内容で、ポストモダンの研究者がそれを見抜けるかを試したのである。

ポストモダニストは、この論文に高い評価を与えたというのであった。「ソーカルらはポストモダン思想の議論において、怪しげな自然科学的言説が横行していると批判するに至った」そうだ。著者はこの経緯について、全体的評価は自分にはできないとしつつも、この一件でポストモダン思想の勢いは衰えたと結論づけている。

こういうからかいを知ると、軽々に先端思想に触れるのも避けたくなるが、しかし先端の思想とはこういうエピソードによって、よりふるいにかけられるということになるのだろう。谷崎の「刺青」を激賞した永井荷風は、自らの方向を歩む才能を後輩のこの作家に見出して、決してからかわなかったのである。

谷崎もまた荷風に畏敬の念を示した。ある会合で荷風に会うと、その前に進み出て「僕は先生を崇拝しております」とピョコンと頭を下げたというのである。酒を飲まない荷風はうるさそうに「ありがとうございます」と答えたと、谷崎は書き残している。荷風はこのぶっきらぼうさがふるいでもあったのだろう。そして谷崎もまた自らのふるいで後進の作家たろうとしていったのだろう。

「刺青」の芸妓はどれほど男を肥料にして、その世界で名を成したのだろうか。

十二　時代は夫婦像によって作られる
――夫婦は厄介なものである（獅子文六）

国家主義者の「恋愛などできるか」

「夫婦百景」という語は、文字通り夫婦にはさまざまな形があり、どの形が理想的だなどとは言えないとの意味を含んでいる。このタイトルで獅子文六がエッセイ風の小説を著したのは、昭和三十二年のことだ。当時、文六は六十四歳で、人生なんてこんなものさ、との冷めた感情を持っている時でもあった。

婦人誌に投稿された読者の体験記や文六自身の見聞などをもとに、オムニバスに書かれている。初めに、「夫婦論」というのがあり、文六自身の夫婦観が語られている。太平洋戦争後に、適齢期の男女比が変わり、加えて道徳や習慣も変わり、どんな夫婦像が理想なのか、それがわからなくなったというのである。「空前の結婚難時代である」と嘆く。そして文六は、「とにかく、夫婦は厄介なものである」というのだ。

この作品にはさまざまな夫婦が登場する。例えば「美男と美女の夫婦」「強情妻」「ある恋愛結婚の夫婦」「関白亭主とその妻」「失格女房とその良人《おっと》」「中間夫婦」「母親女房」など次々に紹介していく。面白い。それゆえ映画にもなったのだろう。

この書に触れていると妙な錯覚が起こる。夫婦はうまくいっているとそばにいても空気のようなもので、苦痛にならない。ところがひとたび愛とか恋情が冷えて、憎しみに似た感情がおこると、そばにいられると疎ましくてしょうがなくなる。百年の恋が冷めると、今度は百年の憎しみに転化するらしい。相手にあまりにも愛を感じるのは危険ということになるのだろう。恋愛感情とはほどほどがいいということだ。

昭和初期のテロやクーデターに加わった国家主義の活動家何人かに話を聞いたことがある。指導者の一人に長時間の取材ができたのだが、話が広がっていって、私が、「奥様との結婚は恋愛ですか、見合いですか」と尋ねた。すると彼は言下に、「わしは恋愛などできるタイプではない。好きになったら相手の全てを奪いたくなる。そうすると行き着く先は、心中か殺人になるではないか」と答えた。

好きになってしまったら、相手の全てを自分が支配したいと望むのだから、その行き着く果ては死というのもうなずけなくもない。そのような情熱を国家改造にかけていくのだから、もしこの指導者が国家権力を握れば独善的なファシズム体制になったかもしれない。情熱の発露が他人より極端な人は、恋愛だけでなく全ての面で他の人よりひときわ激しい感情の爆発があるということであろう。

文六と同時代を生きた俳人の種田山頭火は托鉢行乞を続ける僧であった。彼の日記を読んでいると、たとえば次のような表現に出会う。六月三十日（昭和八年）の記述である。

「昨夜はやっぱりのみすぎだった。私は女難を知らないけれど酒難は知りぬいている」

山頭火は明治四十二年に結婚し男児ももうけているが、後半生は放浪を続けた。日本全国が敷布団であり、そして掛け布団であった。この国全体がほのぼのとしたぬくもりの中にあった。そこで旅を続けながら人生を全うしたということであろう。女難からは身を避けたにしても酒難の中で、つまり酒を恋人として死んでいったのだ。

山頭火にとっては、「酒は厄介なものである」とのつぶやきしか漏れてこない。「青葉のむかういちはやくカフェー灯」と詠み、恋人（酒）に思いをはせるのである。

大宅壮一は昭和の初めから文筆一筋で活動してきた自由人である。彼はさして遠慮なく、文壇、論壇、あるいは社会風俗を撫《な》で斬りにするのだが、昭和九年に書いた「当世復興ばやり」なる稿がある。その中に「人情復興」という一文がある。

この時代に文壇で「すばらしい美談として喧伝」されている話の紹介である。Aという作家がいる。ずば抜けた才人だという。暇があれば円タクで大東京を見て回っている。小説、あるいは芝居の台本などの参考にするためか。大宅はある時、Aにばったり銀座で会う。以下、大宅の書いているところをまとめると、次のようになる。

〈(Aは) 冴えない顔をしている。今日は何の日か知ってるかと尋ねられる。大宅は首をひねる。「今日はお盆だよ。罰当たりめ」と彼は言い、ある話を打ち明ける。

彼の奥さんとは十数年前に結婚した。当時夫人は先夫を亡くし、遺児二人がいた。彼は夫人と遺児を愛して順調な生活を続けていた。毎年、お盆には書斎にかけてある先夫の肖像の前にぬかずいて、「お帰《かえ》んなさい」と挨拶して、二、三日家を空け、友人の家を泊まりあるくことにしているそうだ。

ところが今年はお盆の前日に、友人の借金の保証人になったために、家に差し押さえが来て、ベッドやタンスにペタペタとはりがみをしていく。それが先夫に申し訳なくて

気分が落ちこんでいる〉

それを聞いて大宅は、この話が文壇に人情美談として流布していたことに気づいた。そして書いている。「これがもし数年前のマルクス主義華やかなりしころだったら、ナンセンスとして笑殺されたに違いない」というのであった。文芸復興の時代だからこのような人情美談が受けているのではないか、と苦笑しているのである。

その上で昭和の文芸復興は、文学青年たちに活力を与えたと指摘してもいいのではないか、というのである。こういう話は明治、大正時代にはまったくなかったはずだ、この話などは江戸文化の人情話と共通するのでは、とまで賞賛している。昭和の初めのころには、これが毒舌家の大宅をも感動させる美談だったということになる。

先の文六の『夫婦百景』には、「母親女房」とか「もう一人の母親女房」といった話も紹介されている。この中で、四十代に入った女性と二十代初めの男性との結婚が語られている。文六は、こうしたエピソードが婦人雑誌に投稿されているのを参考にしつつ作品を書いていたようで、内容は大体が事実に即しているようなのである。

「母親女房」は、医師の一人娘として生まれた女性医師が、とにかくひたすら働き続ける。気づいたら四十代に入っている。結婚とか出産などの女性としての道は諦めている。

その家に牛乳を配達に来る苦学しつつ働く純朴で真面目な青年に、たまたま教会で出会う。やがて青年は彼女の病院で書生のような立場で働くことになる。ふとしたことで関係もできる。教会の牧師の勧めで二人は結婚する。

その後、女の子も生まれ、青年は薬剤師となった。青年が二十一歳の年齢差にまったくこだわらずに続けていく夫婦の姿を、文六は感動的に書いている。青年（夫）が老いていく妻を労《ねぎら》う姿に、「彼女の満面に浮ぶ微笑は、半分は、妻のものだったが、半分は、母のものだった」と書いている。こういう話は日本社会ではなかなか少ない。

林髞の人生二回結婚説

そういえば戦後の推理作家木々高太郎は、本名は林髞《たかし》と言い、慶應医学部の教授なのだが、人生二回結婚説を主張した。たとえば、二十代女性と四十代、五十代の男性が結婚するのが第一回、女性は成熟した男性から経済的安定、社会的空気などのいわゆるある程度できあがった円熟味を身につける。

さて今度は、女性が四十代、五十代になったら、二十代初めの男性と結婚し、逆に円熟味を教えるというのである。実際に実行すればどうなるのかは知らないが、彼に言わせると社会は成熟していくそうな。

昭和三十年前後にこの説はメディアを賑わせたのだが、むろん一つの論であり、社会的風潮になったわけではない。しかし文六の『夫婦百景』が書かれたのも同じころで、これをもじったのか、それともこうした例をきいて木々が論を構築したのか、その辺のことは曖昧である。

しかしこれだけは言えるように思う。太平洋戦争が終結して、改めてアメリカを中心とした連合国の民主主義体制が日本に移植される形になり、日本社会は大きく様変わりした。新民法の元では不貞は離婚の理由になる。その上に慰謝料まで取れるようになる。「不品行な良人に対して、経済的に罰のようなものまで、負わすことができる」と文六は書く。さらに新聞の身上相談欄も様変わりした。戦前に見られなかった現象が起こっているというのである。

文六は「それは、夫婦間の性欲の不均衡を、妻の側から訴えることである」と書いている。大体は妻の性欲が強く、夫が弱いのだそうだ。妻がそれを怒っての投書である。なかには、夫からの「妻の性欲が強盛であり、一週一回の関係では物足りず、常に不平を述べる。のみならず彼を人格的にも軽蔑し始め、『それでも、男か』といって罵る。

とても、堪えられない。良人として、いかなる処置をとるべきか、という相談」もあるというのだ。

文六はこんなことはまさに神武以来だと書き、秘事が堂々と活字になる社会になったと嘆くような、あるいは悲しむような筆調なのである。『夫婦百景』の中では、四十年近くの夫婦生活でまったく性のない男と女の話を書いている。文六はこういう夫婦もいると、この作品の末尾で紹介している。

まさに夫婦は厄介なものである、にふさわしい百景が語られている。

平塚らいてう、封建制との戦い

「元始、女性は実に太陽であつた。真正の人であつた。今、女性は月である。他に依つて生き、他の光によつて輝く、病人のやうな蒼白い顔の月である」と始まる『青鞜』発刊の言葉はかなりの長文だが、明治四十四年に発足した『青鞜』の性格をよく表している。この名文は、発起人の一人である平塚らいてうの筆になる。明治、大正、昭和の三代にわたって女性解放思想家、実践家として生きた女性である。その自伝（昭和四十六年刊）は多くの読者に読まれているが、前章でふれた、作家森田草平との逃避行の形をとった塩原事件なども赤裸々に明かしている。

一読してわかるのは、婦人解放運動の先駆者の生き方は日本社会の封建制に真正面からの戦いを選んでいることだ。草平との逃避行でも両者の間には肉体関係はない。しかし、世間はそうは見ない。草平の師である夏目漱石も、草平との結婚という形で決着をつけようとする。そのことにらいてうが驚くといった経緯が、文六の『夫婦百景』にでてくる夫婦像と異なっているのが興味深い。

夫婦像は時代の反映であり、時代は各様の夫婦像によって作られるといってもいいのかもしれない。夫婦像が時代によって奇妙な歪みを作るというのは、明治期の社会風俗を調べてみると容易にわかる。たとえば明治十九年の新聞に報じられた、京都近郊のある農村の話がそうである。時蔵という農夫は同じ村の治郎吉が飼っている黒牛が欲しくてたまらない。そこで何度も譲ってほしいと頼む。しかし断られる。治郎吉は独身だという。

時蔵は、黒牛を譲ってくれないかと何度目かに頼んだ時に、治郎吉はあっさりと「それほど牛が欲しければ、あんたの女房と交換するならいいだろう」と答える。時蔵はうなずく。家に帰って女房を説得したそうだ。当然、女房は怒る。「牛と同じなんて嫌だよ」と実家に帰ってしまった。これではニュースにはならない。しばらく日を置いて、時蔵が黒牛を見に行くと、治郎吉の家には時蔵の妻がいて、いい仲になっている。怒った時蔵は、黒牛を家に連れて行く。時蔵は泥棒扱いされる。

警察沙汰になるが、「女房と交換したのだから、黒牛はわしのもの。人の女房を取って牛をよこさないなんて約束違反だ」というのが時蔵の弁。治郎吉にすれば、牛と交換したのではなく、恋愛関係になったのだから交換できないとの反論。結局、村の長老が入って女房と牛の交換が成立したのだとか。明治の新聞はこんな話も載せていたらしい（高木隆史『明治史こぼれ話』）。こういう話はよくあることだったのか、それとも珍しいのでニュースになったのか。

これも高木書からだが、明治二十六年のこと、岐阜県のある村の駐在所に農婦が泣きながら駆け込んできた。しきりに「盗まれたんです」と泣きじゃくる。駐在が聞くと、「亭主が盗まれた」という。事情を聞いて、駐在が書き上げた盗難届が紹介されている。

「盗難御届――私儀十数年来、添い来たりし大切な夫を、一昨夜より昨夜まで二晩、お何なるものに盗み取られ候につき、至急御《お》取戻《とりもど》し下され度《た》く此段御届居候也《このだんおとどけおりそうろうなり》」

この地では、お何なる酌婦に家庭が破壊されるケースが相次いだというのである。

もし獅子文六が明治初期の夫婦百景を書いていったなら、もっと面白い話があっただろう。いや今のご時世を書いたならどうだろうか、と推測するのも一興である。

十三　農村の弱さは生きるための知恵だった
――夜の底が白くなった（川端康成）

トンネルを抜けた先の風景

川端康成の『雪国』は、その出だしがよく知られているだけでなく、この出だしが主人公の島村の心理を十全に語っているといっていい。「国境の長いトンネルを抜けると雪国であった。夜の底が白くなった。信号所に汽車が止まった」というこの表現について、研究者の間では、描写の主語は誰か、島村なのか、列車なのかと口さがなく論じているという。

それほど難しく考える必要はなく、島村の目、そして心理とみればいいのではないかと私には思える。温泉宿に泊まり、東京での遊民的な生活と一線を画しつつ、全く別の空間で人間の地肌に触れる恋を楽しむ主人公にとって、トンネルを抜ける風景は己の心理をそのまま表している。雪国の夜は雪の白さでトンネルのこちら側（つまり東京）とは全く異なっているのである。

川端文学は新感覚派と言われるだけあって、表現の細やかさ、日本語のもつ神経を徹底してつきつめていく。それが私たちに小説の深さを教えてくれる。「トンネル」を抜けると全く違う風景が見えて来るというのは、歴史の変革期にはよくあることである。

エドウィン・O・ライシャワーは、自伝によると、宣教師の子として日本で生まれ、日本で教育を受けたという。のちにハーバード大学で学んだのだが、さらに研究者として教育者として日本研究に没頭している時、太平洋戦争の開始によって、まさにトンネルを抜けた状態になった。自伝からの引用である。

「(開戦によって)私たち日本研究者は、文字どおり有名人になった。おかげで私は学部生の住むアダムズ学寮から、学生指導教官でもないのに指導教官扱いで招待され」たというのだ。各大学では急遽《きゅうきょ》日本語の講座が作られ、どこも満員の状態になった。ハーバードでも日本語の初歩コースを始めたが、ライシャワーは受講者が数人を超す程度と思っていたら、百人にも達し、驚いたと書いている。

戦争が始まるや、相手国の全てを理解しようと考える国と、相手国の言語に関心を持つことを罰する国とは、文化的底力が違うのだとの感がして来る。戦争体験は個人の思想や考え方の土台を変える。日本人の中にも戦争を体験して人生観を変えた者は多い。東南アジアの国々の人たちを「土人」と呼ぶような、戦前の日本社会での教育に慣れていたある兵士が、実際に各地に転戦して、文化水準の高さに驚愕し、戦後は研究者になった例もある。

「インドネシアで、あるいはシンガポールで実際に見た知識人のレベルの高さに愕然とした」との言は、私も多くの学徒兵から聞いている。

昭和ファシズムというスリル

『雪国』の島村は、具体的なイメージよりも、極めて抽象化した男性のエゴ、あるいは心理の底に現実社会からの逃避を持って、時代を拒否しているかのようにも見える。川端は何度か加筆、補筆しながらこの書を完成していったのだろうが、昭和十年から十六年までの間に書いた作品を集大成するようにして、昭和二十三年に完結版を実らせている。つまり島村は、昭和のファシズムの時代に身を置いた川端その人でもあったのだろう。そう読むと、この期のファシズム評論やプロレタリア文学の狭隘《きょうあい》さに愛想づかしをしている川端の息づかいが聞こえて来る。

この息づかいは、むろん永井荷風とは異なっている。これは私見なので、どう判断されるかは読者によって異なるという前提で記述していこう。

大宅壮一（そういえば、川端と大阪の茨木中学で懸賞小説を競い合って書いたという）は、戦後すぐに「〝あわや〟心理学」という稿を書いている。大衆小説の根幹は、「あわや」と思わせる点にあり、それは実生活でも同じ、「人間とはスリルを感じる動物である」と定義する。そしてその例を書く。

太平洋戦争の初期、南方の海戦で大宅の乗った輸送船が沈められた。これが一生の終わりかと覚悟する。ところが海水は温かい。救命具をつけている。浮木に捕まり、それぞれ所属を名乗り、励ましあった。やはり近くに浮木に捕まり漂う数名のグループがいる。大宅のグループの一人が、「おうい、君らは何処《どこ》の部隊だ?」と尋ねる。こちらの丸太の方が大きいからこっちに来いよ、と誘う。一人がそちらに泳いでいく。やがて気づく。

「あれっ——味方じゃないよ」、つまり「敵」だったのである。

この体験があったから、後々の東京爆撃など怖くはなかったというのである。

大宅が昭和の文筆家として名を残すのは、このような体験を通して文明論にまで持っていく知恵があるためだろう。戦争を選択する国家は「スリルの発電所」だという。スリルは最終的には感覚を麻痺させるというのだが、なるほど『雪国』の最後の火事の場面、駒子の行為は何を語っているのだろうか。『雪国』を老いて読むのは、青年期の感想を粉々に砕くことになり、私は慄然とするのだ。

北海道育ちには、雪害は生活の知恵との戦いを生み、朝起きて野に広がる雪は処女性を感じさせる。私は中学生の時に雪を踏んで通学するのは嫌いではなかった。札幌市内などは雪はたちまちのうちに黒ずみ、都市の生活によってだらしなく崩れていく。それに比べて白雪はどれほど心が休まるであろうか。この北海道には百人の入植者がいれば、百の物語が浮かびあがる。

屯田兵の入植とは別に北海道として計画的に区画が設定され、入植が始まったのは、明治二十二年の新十津川からだという。『北海道の歴史』（榎本守恵）によると、奈良県の十津川の洪水被害の住民が移住し、新十津川村を作ったというのだ。また、キリスト教の人たちが集団で入り、開拓を進めたのが今金町の神丘だという。初めはこの地に「神と共にいる」との意味のヘブライ語で「インマヌエル」と名づけていた。昭和の戦争時にはこの名が相応《ふさわ》しくないと当局から睨まれ、利別村（戦後に今金町）に変えたと言われている。榎本書によると、北海道にはキリスト教だけでなく、仏教系の宗派の入植もあり、北海道独特の風土を作り上げていったというのである。

北海道の歴史を表面的に見ると、入植者の努力によって順当に推移したかに見えるが、入植一年目で寒さ、飢え、雪害などにより多くの人たちが亡くなっている。その数字ははっきりとはわかっていない。北海道育ちの者はその種の哀しい話を聞かされているのだが、それはまさに「夜の底が白くなった」という、その白い底の中に史実として埋もれているとの思いに繋がってくるのである。

前述の大宅が語っていたスリルの話に関わるが、私は高校生の冬休みに映画を見ての帰り道、猛吹雪の中で方向がわからなくなり、雪道を当てずっぽうで歩いた記憶がある。今も思い出すと震えるが、一歩間違うと山道に入り込むところであった。その高校生の時に、この『雪国』を読んだが、冒頭のこの一節はあまりにも美的であり、ときに死と隣り合っている雪に対しての理解に欠けていると、強い憤りを持ったほどだった。

華族に憧れた軍人たち

この小説の中で、島村の東京での生活が垣間見えるのだが、あえて昭和十年ごろにフランスの文人たちの舞踊論を翻訳して自費出版しようと考えている知識人のその姿は、日本社会では特異な存在であっただろう。それ故に駒子との会話の折に、「今の世のなかではね」と呟く島村の言葉は自身が自覚するように、なんとも空々しいように映る。

この空々しさは、昭和十年代の対立構造を作っていることのあらゆる面に見られる現象であった。たとえば宮中の天皇側近と軍事指導者の対立、あるいは会話の中に見られるのである。昭和十七年二月十二日の『木戸幸一日記』には、太平洋戦争の始まって二カ月余、東條首相兼陸相が上奏した折に、昭和天皇は次のように伝えたと木戸に漏らしている。

「戦争の終結につきては機会を失せざる様充分考慮し居ることとは思ふが、人類平和の為にも徒《いたず》らに戦争の長びきて惨害の拡大し行くは好ましからず。又長引けば自然軍の素質も悪くなることでもあり」

昭和天皇は、明確に終戦についても考えよと伝えていたのである。東條が承詔必謹の軍人であったなら、この時からでも終戦工作を進めておくべきであった。

しかし東條はこの言葉を全く聞き流している。いってみれば歯牙にもかけなかった。東條たち軍人は天皇の言葉を都合の良いように解釈し、その意思をまったく理解しようとしない。まさに天皇への言葉は建前としては綺麗な言葉を用いても、その実、彼らの言葉は空々しい響きを伴っていた。

近代日本の根本的な過ちはその点にあったというべきである。もう一つ例をあげよう。

近代日本の華族制度は明治期にはかなりお手盛りの感があった。公家華族に比べると、維新の功績による勲功華族には成り上がりといったイメージは否定できない。太平洋戦争下のこと、勲功華族の子弟が戦争に対していかなる心構えが必要かを確認しようと、近衛文麿の元に行って、講演を頼んだ。近衛はあっさりと断ったという。五摂家の近衛の出から見れば、勲功華族などと一緒にしてくれるなというわけだった。

実は昭和の戦争を進めた軍人たちは、自分たちが華族になりたかったためだというのが、文官たちの意見である。実際に木戸幸一の存命中に、私は、書簡で意見を確かめたことがあったが、木戸はそのことを指摘し、そして彼らは戦争に勝つことで華族の身分を手に入れようとしていたと語っていた。「もしあんな連中が華族になっていたら、と思うと噴飯物です」と答えている。

軍事指導者の名誉のために戦争という手段が選択されたというなら、国民の存在は何だったのかということになる。まさに「一将功成りて万骨（国民）枯る」ということになるのではないか。

農本主義が訴えた都市と農村の対立

ところで、『雪国』の中の島村という人物を可視と不可視の両面でとらえたらどうだろうか。島村という人物の不可視の部分、それは東京での妻子がいての日常生活なのだが、想像するにこの温泉宿とはまったく異なる有閑階級の生活であっただろう。駒子は島村を「あんた」と呼ぶ。蓮《はす》っ葉《ぱ》な口の利き方である。しかし島村の不可視の東京生活はこのような言葉とは縁遠いように思われる。

可視と不可視の関係で見たならば、川端の意図を超えて、ある構図が浮かび上がる。どういうことか。昭和初期の農本主義が訴えていた「都市と農村の対立」である。都市が社会的に発展を続けて行くときに、農村はいつも犠牲になっているという主張である。農本主義者たちは、資本主義の持つ残酷さをこの構図を元にして論じた。確かに駒子を始め、その周辺の人たちの意識や行動、そして生活論理や倫理は農村共同体の地肌で語られている。

駒子の言辞の中に、しばしばある行動への肯定と否定が繰り返される。たぶんそれは、農村共同体の人たちが都市の側からの質問に答える時の戸惑いといった形での表現である。昭和初期の農本主義者橘孝三郎が、「田舎の人たちの会話が都市のインテリにいかに巧みに利用されたか、それは知識というものに対して都市と農村では雲泥の差があったからだ」と分析していた。

橘は第一高等学校を中退して、農村共同体の地位向上や農民の自主性を高めるための啓蒙運動を進めた。それだけに農村共同体の構図の人間的弱さを自覚していた。長いものに巻かれていくその弱さが貧しさの因と考えての啓蒙運動であり、その克服を目ざした。しかし農本主義者の多くは、次第に気づいていった。その弱さは生きるための知恵だったのだ。

駒子が火事の後にどのような変貌を遂げるのか、この小説にはいくつかの暗示があるにせよ、私たちは想像する以外にない。むろん島村がどう変わるか、それもまた不可視の領域で考える以外にない。

文学はやはり時代を語っているのである。ときにそれは作者の意図を超えてである。

十四　「お母さーん」は歴史への異議申し立てだった
――女性は太陽であった（青鞜社）

捕虜イコール死という構図

近代日本にはいくつもの政治結社や思想団体が生まれたが、その宣言、結成文書の中で、明治四十四年に誕生した青鞜社のそれは、ひときわ光る名文であった。雑誌『青鞜』の創刊号に掲載されている。この号には、歌人の与謝野晶子の詩も掲載されているのだが、それもまた人々の心を打つ内容であった。「山の動く日来る《きたる》」という出だしで、最後はこう終わる。

「すべて眠りし女
今ぞ目覚めて動くなる」

与謝野のこの詩と平塚らいてうが書いた創刊号の発刊の辞は、当時の人々の知的好奇心を引き付けたというのであった。

『青鞜』の発刊の辞の冒頭を初めに紹介しておこう。

「元始、女性は実に太陽であつた。真正の人であつた。今、女性は月である。他に依つて生き、他の光によつて輝く、病人のやうな蒼白い顔の月である。偖《さ》てこゝに『青鞜』は初声を上げた」

女性の虐げられた状態を、月にたとえている。この一文が日本の婦人解放運動の宣言になったとも言えるのだが、確かに説得力を持った文章である。

私はもう五十年以上も前に、この一文に触れた時、感動を覚えた。高校生の時であったが、元始を「もとはじめ」と読んだ。この読みは間違いなのだろうが、「げんし」と読むより、「もとはじめ」のほうがはるかに当たっているように思い、以後ずっと「もとはじめ」と読んできた。そのほうが太陽と月の対照が明確になるように思えた。江戸時代の農婦は確かに月のような存在だったのであろう。民俗学の書を読むとそのような感がする。

働きずくめ、姑《しゅうとめ》からのいびり、子育て、健康を崩しても休むことができない。働く以外の人生などとても考えられない、精神的にも心の休まる暇はない。そんな女性の犠牲のうえに成り立っていた江戸時代から見ると、近代日本の女性の地位の向上など全く取るに足らないと言った程度なのではないか。明治、大正、昭和初期の姿を見てもまだ女性は抑圧されたままのように思える。

近代日本はほぼ十年おきに戦争を起こした。それは青年兵士が次々に亡くなっていく歴史でもあったのだが、その時に母親に要求された態度は今から見ると極めて異常であった。母親だけでなく妻にも無慈悲なモラルが要求された。昭和七年の上海事変の折に、日本の大隊長が中国軍の捕虜になるという事件があった。重傷のため動きがとれずに捕虜になったのである。やがて停戦交渉の末、その大隊長は日本に戻された。しかし戻されるや、すぐにピストル自殺をしている。

この死に対して陸軍大臣の荒木貞夫は、「帝国軍人が戦場に赴くのは勝利か死である。この将校は軍人精神を発揮して、死の道を選んだのであろう。戦死者として扱いたい」との声明を発して賛えている。それまで日本軍では捕虜になることは特別に不名誉ではなかった。ところがこれ以後、捕虜になることとイコール死という構図ができあがってしまった。

このときも、大隊長の妻は新聞記者の質問に、「一家として寂しいことですが、遅ればせながら自殺しましたので、やっと日本人としての面目が立ったのではないかと思います」と語っている。語っているというより、語らせられているというのが当たっているであろう（吉田敏浩『赤紙と徴兵』）。

妻にこのような言を吐かせるのが当然という社会は、何かが欠けている。それを歴史学などのアカデミズムでは分析できない。むろん、そのような軍事主導体制での非人間性は非難できたにしても、そこまで追い込まれる日常生活の感情分析はその領域ではない。『青鞜』の宣言に倣うのであれば、それはまさに「病人のやうな蒼白い顔の月」なのである。

青鞜社の意識と度胸

前述の発刊の辞は、再び「元始、女性は実に太陽であつた。真正の人であつた」と繰り返した後に、「私共《わたくしども》は隠されて仕舞《しま》つた我が太陽を今や取戻さねばならぬ。『隠れたる我が太陽を、潜める天才を発現せよ、』こは私共の内に向つての不断の叫声《さけびごえ》」というのであった。

明治四十四年にこうまで書く女性たちの意識の高さは、同世代の青年学徒とははるかにレベルが違うように思えるのである。青鞜社の創刊当時の同志は、二十人余であったらしい。意識の高い女性たちだったということになるのだろう。こういう女性解放運動の動きに並行して、近代日本の歩みである戦争の歴史、あるいは男性主導の社会の中で、女性の存在はどのようなものであったのか、その辺りももう少し詳細に見ていく必要があるだろう。

青鞜社の宣言が出された明治四十四年は、日本でも帝国劇場（帝劇）が出来上がった年である。この劇場に出演する女優の養成所が川上貞奴の指導のもとで作られ、十五人が選ばれた。この第一期生の中に森律子がいた。のちの有名な映画女優である。しかし律子は、元代議士の森肇の娘で、加えて高等女学校出身のインテリだった。

そのため、養成所に入ったと報道されると、女優などとんでもないと、その高等女学校は律子を除名処分にしたというのだ。「律子の弟は一高生だったので、一高祭に姉を招いたところ、女優風情に神聖な校庭を汚されたと硬派の友人に迫害され、ついに（律子の弟は）ノイローゼになって鉄道自殺を遂げるという悲劇にまで発展した」（高木隆史『明治史こぼれ話』）という。

この養成所は渋沢栄一が財政面を受け持ったわけだが、開校式では、「日本では三百年来、賤しめられてきたのが実業家、婦人、俳優の三つである」と述べたそうだ（前出の高木書)。渋沢は、あえて「婦人」と言っているわけだが、理知的、知性的な実業家を目指していた渋沢にして封建社会の頑迷な空気には怒りを持っていたとわかる。

このような状況の中で「女性は実に太陽であつた。真正の人であつた」というのは相当に度胸があったといえる。実際に青鞜社はその後、弾圧の対象になっていき、同人の中からも運動から離れる者が出てくる。新しい感覚は軍事主導体制下では必要ではないというのが、明治政府など男性社会の判断であったのだろう。

昭和に入ると、実業家、婦人、俳優の三つも次第に偏見から解放されていくのだが、三つの中では、婦人の解放がもっとも遅れたと言っていい。婦人に参政権が与えられるのは昭和前期(昭和二十年八月十五日の敗戦まで)の終焉、つまり大日本帝国が解体してからである。解体に至るプロセスは、日中戦争、太平洋戦争の敗戦だったわけだが、この最終段階で、兵士たちがいかに「母親像」を求めていたかは知っておく必要がある。

人文書とは無縁の軍事指導者

戦争体験者、なかんずく戦場体験者は死に際して、母親を呼び死んでいくと言われてきた。私自身、兵士たちの死について多くの証言を聞いてきたが、ある軍医は「かあさん」とか「母ちゃん」というのが多く、我々も辛かったと証言していた。戦場では捕虜にさせないために、重傷者には青酸カリを強制的に飲ませるのが通例だったと言うのである。むろん彼らはなかなか口を開かない。それを衛生兵が口を開かせて、強引に飲ませることも珍しくなかった。

「おっかさん」と叫ぶ兵士の口を開いて、青酸カリを飲ませる光景は、異常である。なぜこんなことをと言いたくもなるが、戦時下では亡くなっていく兵士たちには、まさに「おっかさん」という語が太陽ではなかっただろうか。

太平洋戦争の中盤期、軍艦長良がアメリカ軍の攻撃を受け、艦は大破する。ある機関兵は爆撃を受ける機械室に救助のために向かうが、爆撃がひどく、なかなか被災場所に向かうことはできない。そのうちに爆撃を受けた箇所ではうめき声があがり死者が増えていく。助かった機関兵は暗闇の中から、「お母さーん、お母さーん」と言う声をいくつも聞いている。例えば、「天皇陛下万歳」のような声は全く聞いていない。その機関兵は次のように証言している（前出の吉田敏浩『赤紙と徴兵』からの引用）。

「異口同音に、『お母さーん、お母さーん』でしたね。そのうちの一人が、『お母さんに会いたい～っ』と叫んでいました」「（その叫び声は）一生、私の耳の底に残ってますね。

みんな私と同じ二十歳前後の若い兵隊たちでした」

こうした話を数多集めて何がわかるのだろうか。あるいは今なお読まれている『きけわだつみのこえ』に見られる母親や姉妹への思慕は何を語っているのだろうか。私たちの国の文化や倫理は歪んでいるということだろうか。そう考えていくと、答えは簡単には出ない。しかし間違いなく指摘できることがある。それは戦時指導者は「人間」や「女性」に対する基本的な洞察力に欠けていたこと、さらに兵士(それは国民、そして人類)を平然と軍事や政治の手駒のごとく用いて、何らの自省がなかったことである。

青鞜社の宣言を借りるならば、「元始、人間を知らない軍人は実に雷雲であった。偽善の人であった」ということになるであろうか。近代日本の過ちは、青鞜社のような、あるいは渋沢栄一のような見識を持つ人物が消え去り、文学書や哲学書など一冊も読んだことのない軍事指導者が、昭和という時代を我が物顔に闊歩したのが最大の理由だったのである。

米騒動に見る地方主婦の逞しさ

大正デモクラシーという語は、実は太平洋戦争の後の「戦後デモクラシー」といった表現ともっと重なりあって検証されるべきであろう。なぜなら戦後民主主義の概念や行動はすでに大正デモクラシーの折にはっきりと見えているからである。具体的に言うなら、大正七年七月に富山県の中新川郡一帯で起こった「米騒動」はまさにそれである。

このデモは主婦五百人余が米価の高騰に怒り、米穀店などに押し寄せ、米を要求する騒ぎとなった。たちまちのうちに全国に広がり、一部の地域では軍隊が出動する騒ぎになっていく。この運動は第一次世界大戦後の景気の悪化に伴う怒りとも重なって、国民の間に社会的な関心も高めることになった。ちょうどこの頃は、吉野作造の民本主義が発表されていた時で、加えて大正デモクラシーの高揚期に当たっていた。「米騒動」は、大正九年時にもりあがっていく普通選挙の要求の呼び水役も果たしていったのである。

こういう行動の牽引役だったのが、地方の主婦だったことは近代日本の中でも珍しいといっていいであろう。この女性たちは、決して蒼白い顔をした月とは言えないであろう。青鞜社ができて七年ほど後の事になるわけだが、都市部のインテリ女性とは異なった逞しさがこうした運動には見え隠れしている。

戦時下で兵士たちが母親像を描いて死んでいったのには、むろん理由がある。兵士たちがまだ二十歳を超えたばかりで、社会も人間も知らない年齢だからである。日本兵が、

「お母さーん」と叫んで死ぬのは、その兵士がいかに若く死んでいったかを逆説的に裏付けていることになる。その事実に気づくと、戦争にめぐり合わせてしまった世代は何と不幸なのだろうか、と思う。そして私たちはそのような時代に生まれたわけではないことに気づかされる。

戦死した兵士たちは時代が違えば、私たちだったかもしれない。その事実は死んだ兵士に自分の身を重ね合わせて、考えてみよと教えてもいる。

ジャーナリストの石橋湛山は、大正元年十月に、自らが属する『東洋時論』に、「維新後婦人に対する観念の変遷」を書いて、この国の女性観は、明治の終わりごろには第四期に入ったといい、その主要なテーマは、「良妻賢母主義」になってしまったという。欧化主義への反動的保守の側からの反撥だと分析した。これは簡略にいえば、「汝《なんじ》らは母たることを以て唯一無二の職業とせよ」ということだと怒っている。

「お母さーん」の叫びは、近代日本が女性に対して「母親を職業とせよ」と迫った歴史に対する異議申し立てだと考えると、戦争の影響から抜けでた新たな女性像の確立が望まれているように思う。今もその模索が続いているということか。

十五　現人神は二度、人間の感情を見せた
――すめろぎは人間となりたまひし（三島由紀夫）

昭和史最大のテーマ

新しい元号が、「令和」と決まり二〇一九年五月一日からは令和元年として、この国は新しい天皇とともに歩んで行く。どのような時代が予定されているのか、むろん軽々な予想は避けるべきだが、確実に言えるのは天皇が現人神《あらひとがみ》としてこの国を差配することはないであろうということだ。昭和十年代、戦争が続くにつれ現人神の像が拡大したが、そのようなことは決して起こらないであろう。それ故そうであった時代を改めて確認するとともに、元号の変わるこのときに、その意味をさまざまな局面で考えてみたい。

昭和史の最大のテーマは、なぜ天皇を現人神とし戦争を戦ったのか、その精神的意味を常に問い直すことであった。それを考えるときに良きヒントを与えてくれるのが、三島由紀夫の『英霊の声』の一節、「などてすめろぎは人間となりたまひし」である。

三島はこの言葉を霊媒師とも言うべき人物の口を通して、二・二六事件の青年将校や特攻隊員の思いとして語らせている。衝撃的な言葉ではあるが、同時に本質を衝いていると言っていいであろう。

昭和天皇は昭和五十年代に宮内記者会との会見で、自らは立憲君主制の枠内に常にとどまっていたが、二度だけその立場を崩したと語っている。一度は二・二六事件の折の討伐を前面に出て命じたこと、そしてもう一つは終戦時にポツダム宣言の受諾を主張したことである。いわば軍の行動が政治的、歴史的に見れば暴走している、そのときに軍の最高命令者である大元帥として明確に意思表示したのである。

あえて言えば、天皇は人間としての生身の感情を見せたということなのだろう。生身という意味は、自らの思考の底に人間的価値観を置いたということであり、三島は「それは近代日本の天皇の位置づけに反するのではないか」と霊媒師に言わせたわけである。

これらのことを踏まえた上で、私なりの受け止め方、そして昭和史理解の形を作ってみたい。私は三島のこの言葉は、歴史を人間的、情念的に捉えれば、十分にありえるにしても、歴史的に見ればきわめて危うい意味を持っているように思えるのである。

大日本帝国憲法はその第一条で、「大日本帝国ハ万世一系ノ天皇之ヲ統治ス」と謳い、

第三条では「神聖ニシテ侵スベカラズ」という。軍事に関しては、第十一条、第十二条などでの枠組みがあるのだが、「天皇ハ陸海軍ヲ統帥ス」の第十一条により、軍事の最高命令者としての立場が明記されていた。

天皇が現人神であることは、こうした憲法上の枠組みで固まっていった。軍内法規はすでに、その前提で将校や兵士の存在が規定されていた。「軍人勅諭」（明治十五年発布）には、軍人、兵士は天皇に忠誠を誓うことが明記されている。もっとも大日本帝国憲法の軍事条項はこの「軍人勅諭」を元に作られた節はある。自らの命を捧げる存在が人間ではなく、「神」であるとの意識空間が軍内では当然であったのが、やがて昭和に入ると国家的空間となったのである。

昭和天皇の変節への怨嗟

「軍人勅諭」の冒頭は次のようになっている。まずは引用しておこう。

「我国の軍隊は世世《よよ》天皇の統率し給ふ所にぞある。昔神武天皇躬《み》づから大伴物部の兵どもを率《ひき》ゐ、中国《なかつくに》のまつろはぬものどもを討ち平《たひら》げ給《たま》ひ、高御《たかみ》座《くら》に即《つ》がせられて、天下《あめのした》しろしめし給ひしより、二千五百有余年を経ぬ」

出だしはこのようになっているが、その後はこの国の歴史をなぞっていく。朝廷が文弱に流れたために、兵馬の権が「武士の棟梁たる者に帰し、世の乱《みだれ》と共に政治の大権も亦其手《またそのて》に落ち、凡《およそ》七百年の間武家の政治」になってしまったというのであった。中世以後の歴史が批判、否定されている。その上で、そのような失態が繰り返されぬように、天皇は望んでいるというのだ。そして言う。

「朕は汝等軍人の大元帥なるぞ。されば朕は汝等を股肱《ここう》と頼み、汝等は朕を頭首《とうしゅ》と仰《あふ》ぎてぞ其親《そのしたしみ》は特に深かるべき」

その上で五つの徳目を挙げていく。これがよく知られている「軍人は忠節を尽すを本分とすべし」「軍人は礼儀を正くすべし」などになるのだが、これらの軍事への徳目は明治十五年一月四日に出されている。以後、軍人、兵士たちはこの教えを暗記することが要求された。

ここで注目されるのは、「軍人勅諭」が大日本帝国憲法の制定前に作られていて、軍事が政治に先行する形になっていたことだ。つまり軍内の法規が政治より上位にあることが、その出発点で明示されていたのである。この頃から軍内では、統帥権の優位性を当然とする空気が助長されたのも充分に予想されたことであった。

しかし、天皇の軍隊であるにせよ、天皇が神格化された存在として軍内に強要されたというわけではない。この勅諭を編んだ西周や山県有朋らは、天皇を大元帥とする軍事組織にしていくことで、強兵集団としてこの国の中心軸に据えようと考えていたのである。戦争という事態を日本はほぼ十年おきに繰り返す中で、次第に天皇が神格化された存在になっていったと言えるであろう。確かに、いつの時代にか、天皇を神格化する萌芽が宿っていた。あえて二点だけ強調しておきたい。

（一）軍人勅諭の骨格は古事記、日本書紀などの神話史観を下敷きにしている。

（二）天皇を大元帥という絶対的な存在とし、忠誠を要求している。

さしあたりこの二点で、いずれ将来は天皇を神として、軍人はその存在に自らの命を託するとの心理的基盤が出来上がることは充分に予想された。いわば伏線は張られていたのである。

この伏線が表面に浮上してくるのが、実は昭和史であった。三島由紀夫の『英霊の声』で描かれる「などてすめろぎは人間となりたまひし」は、この伏線が浮上した昭和十年代の軍事主導体制下での天皇の変節への怨嗟だということがわかってくる。その怨嗟は、いみじくも昭和天皇が立憲君主制の枠組みを超えたことが、前述のように二回だけあるといったその点に向けられている。このことをより精緻に見ていくことが必要になるであろう。

昭和、平成、そして令和と続く近現代の、いわば現代の部分に該当する天皇の時代を見ることで（令和は想像の世界になるのだが）、私たちは天皇を神と見る視点からは一歩一歩遠のいている。私自身、小学校（この年までは国民学校といった）に入学したのは、昭和二十一年四月だが、その時に大人たちが、「私は天皇陛下を神様と思ってはいなかった」と言うのを聞いて不思議に思った。神様というのは、目に見えないはずなのになぜ、と思ったものである。

神に率いられた神兵の聖戦

昭和初年代から十年代にかけて小中学校教育を受けた世代は、天皇を神格化する教育を受けている。軍内の神格化教育が文部省主導による国家的な教育において強要される、ファシズム体制に行き着いたのだ。『英霊の声』はその頂点の実像を、私たちに示しているように思えるのである。前述の「軍人勅諭」に秘められていた二点が浮上してきたのが昭和史だと指摘したが、それをより詳しく見ると昭和十年代の日本の姿に行きつく。

具体的にいうと、昭和十二年に文部省が発行した『国体の本義』、十六年に東條英機陸軍大臣の名によって発表された「戦陣訓」、十八年に陸軍の教育総監部により刊行された『皇軍史』の三冊を繙《ひもと》くと、「天皇イコール神」とする情念がわかる。神が二度、人間になったことがわかってくるのである。それは天皇が、自らに与えられた帝王学を超えて、「天皇裕仁」になったことを意味している。

この三冊を読んでいくと、天皇を神とした理由が理解できる。たとえば『国体の本義』は文部省思想局がまとめたのだが、第一は「大日本国体」となっていて、そこには「肇国」「聖徳」「臣節」「和と『まこと』」などの章に分かれている。ここに書かれていることを、まとめてみると大要は次のようになる。

〈大日本帝国は万世一系の天皇皇祖の神勅により統治される国家である。万古不易の国体であり、この大義で一大家族国家は億兆一心聖旨を奉体し、臣民が忠孝の美徳を発揮することで成り立っている。臣民は国体の本義にもとづいて、現今の諸問題の根幹をなす外来文化の醇化をなし、新日本文化を創造することだ〉

さらに文部省教学局は、昭和十六年三月に『臣民の道』を刊行し、西欧思想の排撃を説き、「満州事変や支那事変」によって、それが改善されてきたというのであった。こうした延長で、昭和十八年に刊行された軍内の兵士向けの教育書である『皇軍史』が一般向けに発売された。戦時下、兵士用の教育書を一般国民用に読ませるというのは、国家を兵舎化しようとの意図でもあった。この書はいわば、天皇神格を説くバイブルのようであった。前述の「軍人勅諭」の前文で示していた神話史観が、今戦っている戦争の意味と重なり合って説明されている。

神武天皇がこの国を興す。大伴、物部らのほか兵士を率いて作られた国。それは現人神である天皇が、神兵を率いて作った神国、それが大日本帝国であり、今次の戦争はまさに神国の聖戦であるというのであった。明治十五年の「軍人勅諭」は、六十年余を経て、神に率いられた神兵の聖戦という段階に達したのである。

建前と本音を許さない赤心

昭和のここまでの道筋を率いてきたのは、主に三つの国家機関である。文部省教化局に代表される皇国史観のイデオローグ、陸海軍の指導部（特に陸軍の東條英機に代表される指導者たち）、思想取り締まりの内務省警保局、などがその中心勢力であった。これらの三角錐の空間の中に臣民は押し込まれ、そして神としての天皇、この国を神国と信じたのである。

昭和十年代に神として認識されていた天皇が、二度、神から人に降りてきた。それが天皇の側から言えば、立憲君主制の枠をはみ出して自身で結論を出したことである。前述の二・二六事件討伐と終戦時のポツダム宣言受諾の決定である。これに対しての三島の理解も、この二回が神から人へと降りてきたことになる。その怨嗟を『英霊の声』は示していたのだ。

ここまで整理してくると、天皇が神から人に降りてきた、この二回こそが昭和史そのものの中心軸になっていることに気づかされる。昭和史が正史たり得たのは、この二回により国の存亡の危機を免れたためと言ってもいいであろう。

天皇を神と崇め奉るのは、ほぼ建軍以来の建前の部分であった。それは古事記、日本書紀の神話史観を採用することで、形づくられていた。神と崇めるのは、自らの死を意義づけるのに、あえて言えばその死を等価たらしめるように、天皇が代置されたのである。しかし現実には兵士の死は鴻毛《こうもう》より軽い存在なのは、近現代日本の軍事組織の常識であった。

二・二六事件の青年将校は、建前と本音の二重構造を認めなかったのだ。建前を信じての行動に、何らの邪心はなかった。天皇が人に降りてきた時、青年将校は建前が二重構造になっていることを知り、裏切られたと実感したのである。特攻隊員は後に続く神兵を信じての死であった。しかし人となった天皇は、この戦を収めた。人となることで政治的、歴史的には、今次の戦争の悲劇はある時点で抑えられた。「などてすめろぎは人間となりたまひし」は、青年将校や特攻隊員などの側に寄り添った重い表現である。そして建前と本音の二重構造を許さない純真な赤心といえる。

私は歴史の正史の中に、このような赤心が存在することは認める。同時にそれは正史とは一線を画すものだとも思う。歴史を見つめつつ、赤心の中に歴史が見落としている人間像があるとも思う。

天皇の代替わりの今、「などて人間となりたまひし」の時代を回顧するのも決して無駄ではないはずである。

十六　言論人は時代とどう関わるか
——天地は万物の父母。人は万物の霊（仮名垣魯文）

スローガンとしての民主主義

仮名垣魯文は現代風にいうならば、エッセイやノンフィクションを書く文筆家という枠に入ろうか。もともとは江戸末期の戯作者なのだが、維新時は三十九歳だった。明治という新しい時代に入ると、「一人で両名を用ひることを禁ぜられたので、本名を廃し、専《もっぱ》ら魯文の通称に改む」（『明治開化期文學集』改造社、昭和六年）ことになる。別に野狐庵とか猫猫道人といった号も持っていた。

魯文の代表作の一つ、『安愚楽鍋《あぐらなべ》』は牛鍋店を舞台に様々な職業の男女が、独り言風に時代を語るという筋立てだ。明治に入るとこの牛鍋店が雨後のタケノコのように増える。日本人も牛肉を食べるようになったのだ。魯文はこの牛鍋店に来る客の一人一人に身辺雑記を語らせながら、開国による日本社会の変化を皮肉気味に浮き上がらせている。

環境が激変する時は、日本人はそれを巧みに受け入れるタイプとそれに抗するタイプとに分かれることになるようだ。それが極端になるということでもあろう。

それまで牛肉を食べる習慣はなかった。ところが西洋化とはこういう肉を含めて新しいメニューを持つ牛鍋店、「往来絶《ゆききたえ》ざる浅草通行《どほり》。御蔵前《おんくらまへ》に定鋪《ぢやうみせ》の、名も高簱《たかはた》の牛肉鍋」に来るのは西洋書生、漢学者、儒者、僧侶、とにかく老若男女様々で、「牛鍋食はねば開化不進奴《ひらけぬやつ》」とばかりの風潮だというのだ。この魯文の皮肉な時評にふれていて、思い描くのは、昭和の太平洋戦争終結後の日本社会である。

「軍国主義よ、さようなら。民主主義よ、こんにちは」というのがこの国のスローガンになっていく。これは私自身の経験だが、昭和二十一年四月に国民学校に入学したところ、まだ二十代の女性教師が黒板に、「ミンシュシュギ」と書いて説明を始めた。まだ覚えているが、それは「皆で話し合うこと」というのである。山田くんがボールを投げて窓ガラスを割った、さあ学級会だ、教室でボール投げをしてはいけないと思います、でも山田くんのボールを受け止められなかった佐藤くんが悪いと思います、と意見を述べ合うのである。

私は子供心に、そんなこと当たり前だろうと思って黙っていた。すると発言しない人は無責任なのよと教師に叱られる。民主主義とは何と疲れることか、というのが子供だけでなく、当時の社会の底流にあったと思う。しかしこうして疲れることで、民主主義に馴染んでいったのであろう。敗戦後の日本は、食べるのにも事欠く社会であった。配給だけでは餓死するから、誰もがヤミに手を出した。こんな例が報じられている。

ある旧制高校のドイツ語教授が配給だけで六人の子供を養っていた。その六人の子供が三日間に食べる野菜の配給はネギが二本だけだった。この教授は、敗戦から二カ月後に栄養失調で死亡する。残された日記には、「国家のやり方がわからなくなった。限られた収入とこの食糧配給では、今日の生活はやっていけそうもない」と書かれていた。敗戦後の食糧危機は、天保の飢饉よりももっとひどかったということであろう。こんな時代と比べるならば、ひとまずは食糧がとどこおりなく届いている時代は安心だとの言い方ができるだろう。

番頭経営と家督の教え

明治維新は旧来のシステムを大きく変えた。食生活はそれまでの日常の食事方法から食事の内容に至るまで激変する。むろん職業も仕事の内容も大きく変わってしまう。これは宮本又郎著の『企業家たちの挑戦』(日本の近代シリーズ11)に引用されているのだが、明治三十年頃の「大阪商業史資料」には次のような感想が書かれているそうだ。

「明治維新の社会変動時代に於《おい》ては百万の大長者も殆ど将棋倒しの如くに潰れ、この時幸いに抜群の才能ありて、天晴《あっぱ》れ世路《せいろ》の難を切り抜けたるか、若《も》しくは世に所謂鎗《いわゆるやり》の功名を遂げて運強くも遺産の相続に有りつきたるかの類は格別なれど、試み大阪旧家の内に就《つき》て其の維新前後の隆々たる家筋を尋ぬれば」

と書いて、旧家の名を列記している。幕末から明治維新にかけて長者、富豪といわれた多くの商家が新しい商売の形を作れず、滅亡していった。残った商家は、関西周辺で二百三十一家あったうち百二家しかないという。時代に乗り遅れるということになるのであろうか。もっとも、明治のある時期からは復活してくる家や企業家もいたそうだ。

宮本書にある文久四(一八六四)年の長者番付と明治八(一八七五)年、二十一(一八八八)年の長者番付を見ていくと、時代を乗り切るにはどのような「胃袋」が必要かがわかるのだ。

つまりたとえて言えば、魯文が『安愚楽鍋』でいう「天地は万物の父母。人は万物の霊」とは、この世にある五穀草木鳥獣魚肉を食べるのは人の性なのだから、それだけの強い胃袋をもてということになる。

時代をうまく駆け抜けた商家、つまり企業人は三井八郎右衛門（江戸・東京）、鴻池善右衛門（大坂・大阪）、住友吉左衛門（大坂・大阪）などだが、その資産額は三井が三百万円、鴻池もやはり三百万円、住友が二百万円で、いずれもやがて財閥を形成している。前述の宮本書によると、江戸時代の大きな商家では所有と経営が分離していて、番頭経営が当たり前になっていたそうだ。それに家訓がしっかりと守られていたともいう。

そこには「家督之儀は先祖より之預り物と心得」とあったというのだ。まさに「万物は先祖の霊」である。

家督の教えといった本質は、大きなプレッシャーにもなる。もう幾年も前になるが、ある大学医学部の教授から、世界の医学会で話題になる奇病があると聞いた。東南アジアのある都市の華僑の家に発生する独自の病という。大成功を収めた華僑の二世で家督を継ぐ男子にのみ現れる病である。彼は幼少時から、この家を継ぐのはお前だ、しっかり継いで次の代につなげていきなさい、と日々聞かされる。財産と従業員、加えて有形無形の財産管理の責任を日々執拗に言われ続ける。

その結果どうなるか。その男子の性器は突起せずに埋没していくというのである。どうしてそうなるのか、医師たちは首をひねる。ただ、このことは精神的プレッシャーが肉体と結びつく例だということは間違いない。症例になってはいないが、こういう例はいろいろな国で起こっていることではないかという感がする。幕末から明治にかけてこんな華僑の二世のような話はないにしても、牛鍋店での雑談話になるようなエピソードはあったのではないか、と思う。

人間の変わり身の早さ

『安愚楽鍋』の「三編　上」の冒頭に「当世牛馬問答」というのがある。牛鍋店の食卓に上る牛が、日々働きずくめの馬と会話を交わすのである。馬が言う。「牛公、ひさしくあわねえうち、てめえはたいそうしゅっせして、らしゃのまんてるに、ずぼんなんぞで、すっぱり西洋風になってしまったぜ。うまくやるな」

牛「馬か。てめえこそ、このせつはたいそうりっぱな、車をひいて、一六にゃア、にぎやかなとこへばかり、どんたくにでかけるそうだが、うらやましイゼ」とやりとりが続く。そして牛はなんだかんだ言われても、「にんげんのはらへほうむられて」終わりというのである。

文明開花の中でいかに新しい運命にであったか、牛馬問答は続く。馬は、人間への奉公を勤め上げて、今度生まれてくるときは「人間かいへ生をかえる方がよかろうとおもうぜ。こちとらは、人間の口へはいろうと思ツても、だれもくツてくれず」と愚痴る。牛は呟く。「モウ〳〵、ぐちは云めえ。ア、牛《ギュウ》のねもでねえ」。牛馬になぞらえて、魯文は何を言わんとしたのか。人間の変わり身の早さで、幸せの基準も変わってしまったということだ。

維新、開国の時代になって、大きく変わったのは英語ブームの到来である。これは太平洋戦争終結時の英語ブームと同じようなものだった。このときはラジオから「カムカム　エブリボディ　ハウアユー」と流れて、英会話をマスターしようと必死になる者が多かった。

維新時にはむろんラジオがないから、耳で聞くことはできない。そこで新聞がその役を果たすことになる。花柳街では妙な英語で都々逸《どどいつ》を歌ったとか。「待つ夜はロングとおもふているに　会へばショルト（短い）で　別れした」といった具合だ。

西沢爽の『明治珍聞録』には「開化珍英語」なる項があるが、そこには決して当の外国人には通用しない英語が紹介されている。それによると「この部屋に入ってはいけない」というのは、「ゴ・ナザ・ハオス」と発音するというのだから、聞いていてもわからない。外国人の来日が増してくるにつれ、珍英語が至るところで使われるようになった。とはいえ、それでもなんとか話せるようになっていったというのだから、珍英語は初歩の入門書の役目は果たしたのであろう。横浜では商人や役人の中にはすぐに英語を使えるようになった者もいたというのだから、珍英語も時間をかければモノになるということだ。

魯文は明治に入ると新聞記者、主筆などを務めた。明治初期の文筆家としての視点は、今に通じていて庶民の実像はいつになっても変わらないと教えている。魯文の一文にしばしばでてくる「天」というのは、まさに神とか精神といったような意味らしい。

魯文は、政府が反政府的言論を弾圧しにかかると、特に抵抗するわけではなく、いわば従順な姿勢に転じている。それ故に、凄みのある反政府的言動に出るような態度は取っていないといえる。しかしその客観的、実証的な筆調は今なお貴重だ。魯文の心中には戯作者としての思いがあり、それを肯定するにせよ否定するにせよ、魯文は大衆的な心理の代弁はしていると分析することは、昭和の言論人の位置づけとの関わりを知る上でも意義深い。

皮肉と諧謔の精神

東洋経済新報社の石橋湛山は、言論人としての活動のほかに政治にも乗り出す。その回想録は、よくこれほどの体験を積んできたと思われるほどの人生の歩みである。東洋経済新報社は明治期の創設以来、自由主義的言論を社是としていた。太平洋戦争の期間、軍部からは徹底的に睨まれた。日々の弾圧に、会社を潰すか、軍部に屈服するか、をせまられた。経営の一角にいる石橋が辞めて、軍部に恭順の意を示そうとの声もあった。

石橋は結局、創立以来の姿勢を変えなかった。「伝統も、主義も捨て、いわゆる軍部に迎合し、ただ東洋経済新報の形だけを残したとて、無意味である」と考えたのだ。戦時下、石橋の信念は貫かれ、軍部の圧力に耐えた。戦後になってその間に有名、無名の人たちの支援があったことがわかった。内務省警保局の幹部にも密かな支援者がいたのである。明治初期の魯文と、昭和の戦中の石橋を簡単に比較できないにせよ、そこに言論人が時代とどう関わるかというテーマがある。

仮名垣魯文の『安愚楽鍋』の牛馬問答は実は含蓄に富むやりとりである。牛は人間の腹に収まる。馬はそれが羨ましいと働きずくめの我が身を嘆く。「人間」に貢献する二つの道、牛馬の側から見れば、人間が「天」なのか。その人間は万物の「霊」たりうるのか。

それにしても魯文は安愚楽鍋とつけたが、そのタイトルは言い得て妙である。たちまちのうちに牛肉を食べる習慣を身につけ、それが庶民の間にも時間をおかずに広まっていく。あちこちに牛鍋店が誕生する。その吸収力の凄まじさは『安愚楽鍋』のテーマでもある。

魯文はこの作品に「換序」という語で、まえがきも書く。その中に、「各国と交際は、汝を殺すが為ならず」とあり、外国人との交流によって災いを移されることもあるという。「嗚呼《ああ》、天平《てんか》時乎《ときか》」と嘆きつつ、移りゆく時代を見つめる。

江戸末期の戯作者は、心では皮肉な精神の持ち主であり、諧謔が旺盛だったということになろうか。見習いたいものである。

十七　民主主義とは逃げることである

——思い思いの方向に足を早めて去った（吉村昭）

騙されながら生きる

その場に居たくない、あるいはその人に会いたくない、そんな時に私たちはどうするか。「足早に去る」「会釈だけで足を早める」といったところだろう。この表現は、吉村昭の作品（『蚤と爆弾』）の中の一節である。いやもっとわかりやすくいうのなら、この作品の最後の一行なのである。

この作品は日中戦争、太平洋戦争の中で、捕虜の人体実験や細菌爆弾の研究に当たった防疫給水部（本書が対象にしているのは七三一部隊だが）の中心人物である医師とその動き、さらにはその周辺の軍人、軍医、医学研究者、衛生兵などを含めての非人道的な内実を書いたドキュメント風の小説である。

戦争の終わった後、米ソの対立の中でその医師（作中では曾根二郎）の研究資料は悪魔の報告書であるにせよ、興味を持たれての奪いあいもあり、曾根の行ったことは免罪同然になる。身を隠して生きた曾根が病死した時には、焼香客が集まってくるが、互いに素知らぬ顔で、「喪章をはずすと思い思いの方向に足を早めて去った」というのである。

私はこの一行の中に、さまざまな意味を見つめてきた。嫌な歴史からは誰もが一刻も早くに離れたいのだ。

一九九〇年前後のことになるが、ソ連の社会主義体制が崩壊しようとする頃、私は二、三年続けてモスクワをおとずれた。ある時、共産党の中堅幹部だった人物と会話を交わす機会があった。彼曰く。

「我々はなんと人の良い民族なんだ。マルクスとレーニンに七十年も騙されていたんだからね」

「しかし騙される方も悪いのではないか」と私が応じると、彼は「日本だって軍人の嘘つき野郎に騙されたんじゃないか」と言った。なるほど、と私は答えたものだ。ともかくソ連の人たちが、共産主義から一刻も「足を早めて去った」という形を作りたいのだということが、私にも分かった。

もう四十年も前のことになろうか、ある新聞記事が今も忘れられない。集団就職で東京に出てきた少年が、キャンディーズの「もうすぐ春ですね」というレコードのフレーズを何度もプレイヤーで聴きながら、遺書を残して自殺したというのである。その遺書は、僕は寂しい、生きていても楽しみがないといったような内容だったと、当時の新聞では報じられた。

私はこの少年が針が擦り切れるようになるほど、キャンディーズの歌を聴いている姿を想像したのだ。彼は足早に人生を通り過ぎて行ったわけだが、彼の胸中にあったのは、この人生は辛いことばかりという思い込みだったのだろう。嘘でもいいから、何かに騙されて別の考え方を持ってみればよかったのに、と私は思ったものだ。私たちは誰もがそうして生きているのだから。

昭和十六年十二月八日に日本は、真珠湾攻撃に踏み切り、太平洋戦争が始まった。日本は翌十七年二月から三月にかけて東南アジア全域を制圧した。マッカーサーの率いるマニラに駐屯するアメリカ軍もマニラから、オーストラリアに司令部を移した。

マッカーサーがマニラにあるアメリカ軍の司令官の家を出たのは、日本軍の進出が予想よりもかなり早かったためか、日本軍将校が連行のために訪ねてくる直前だった。このときの将校の話だが、まだ部屋の空気は暖かく、食事のテーブルも充分にかたづいていなかったという。まさに足を早めて去った、という状況だったのである。

それから二年九カ月後、アメリカ軍がフィリピンのレイテ島に上陸した。マッカーサーは上陸地からのラジオ放送で、「私はマッカーサーである。フィリピンの国民の皆さん、私は帰ってきました」と演説している。マッカーサーにとっては、よほど嬉しかったのだろう。

頭山満にたかった人々

夢野久作の書いた『近世快人伝』は読んでいて、なるほど日本にもこんな連中がいたのかとの思いに駆られる。日本の奇人怪人を書けないかと頼まれての執筆だったというのだが、実はこういう人を紹介するのは怖いと言いつつ、アジア主義者で玄洋社の総帥だった頭山満や、実父で政治運動家だった杉山茂丸などのエピソードを書き進めている。

近代日本史を俯瞰するとき、頭山満は確かに書きづらい存在ではある。しかし夢野の語るエピソードに触れていくと、人の良い話が満載である。かつて頭山が持っていた北海道の炭鉱が七十五万円で売れたそうだ。明治時代である。これを聞きつけた全国の頭山崇拝者たちが大喜びで、次々に頭山邸にやってくる。

階下では書生や壮士が宴会、二階では「天下のインチキ名士連が翁を取巻いて借銭の後始末、寄附、運動費、記念碑建立、社会事業、満蒙問題なぞ、あらゆる鹿爪《しかつめ》らしい問題を提げて、厚顔無恥に翁へ持ちかける」（『近世快人伝』）という有様だ。頭山はどんな話にもいやと言わない。なんでも頼みを聞く。瞬《また》くまに七十五万円は無くなった。

残ったのは借金取りと書生ばかりになった。それでも頭山邸には居候を決め込む書生、壮士や無頼人が居残った。頭山の腹心が、こんな連中は追い出したほうがいい、そうでなければ先生の一家が野たれ死にしますよ、と忠告したという。すると頭山は次のように答えたと夢野は書く。

「まあそう、急いで逐《お》い出さんでもええ。喰う物が無くなったらどこかへ行くじゃろ」

それまではここにいるといいさ、というわけだ。食料が尽きると、足早に去っていくだろう、と見ている。こんな連中でも食事くらいあたえてやるがいいさ、というのは確かに大物だ。同時に景気の良い他人にたかる輩はいつの時代にもいるのであり、たかり尽くすと逃げ足だけは早いということになるのだろうか。逆に逃げ足の遅い、つまり死ぬまでその地に止まるのはよほどその地を離れるのが怖い、あるいは事情があって離れることができないということになるのだろうか。

「死ぬまで戦え」という道徳律

太平洋戦争の敗戦時、前述の七三一部隊の要員などは、早く姿を消すように密かな命令が出ていたという。彼らの大半は、名前や住所を変え、あるいは他人になりすまして社会の一角に身を潜めた。復讐を恐れたのである。

しかし戦時下、戦争終結時にもその場を離れるな、そこにとどまって情報をしかるべきところに送るように命令されていた残置諜報の兵隊などがいた。フィリピンで発見された小野田寛郎さんなどだが、そういう人たちは、戦争という時代にあって、全く別な空間で生きている軍人であった。そういう諜報者はアジア各地にかなり散らばっていたとも言われる。

中には、その地で現地人になりすましたまま生を終えた者もいたと推測されている。戦後のある時期に、東南アジアの某国に経済使節団が赴いた折りに、その国のある事業家が、日本側の代表団のひとりの耳元で、ある師団の歌を唄ってみせたという。日本に帰らなかった兵士だったのである。

昭和の戦争も今では次第に歴史の枠組みに入ることになったが、軍隊に入るのが嫌だ、あるいは逃げ出したいと思う者は多い。私の知る例だが、戦争に行きたくないとの決意のもと、自らを死んだことにして戸籍から抹殺した男を取材したことがある。東海地方のある町に住んでいた男性だが、戦時下では米の配給もなく自宅の納屋で密かに過ごしたというのである。家族の支えもあったということだろう。そして戦後である。

彼は信念のある革新派的な存在に祭り上げられた。いかにも戦後である。私は彼が何を錯覚したのか、自らをヒーローに仕立てあげている姿を見ることになった。戦争が嫌だったから、急ぎ足でやり過ごすのとはわけが違うように思ったものだ。戸籍を消し去ることは、自らの存在の否定であり、自らの時代を生きる姿勢の欠如が根底にあることは知っておかなければならないと思う。

むろん戦争反対を唱えることは大切だが、その逃げ方の中に人生が凝縮されていることになるのであろうか。

私たち世代はすぐ逃げた

明治時代の書生という語にはさまざまなイメージが被《かぶ》せられている。今の言葉でいえば学生となるのだが、彼らがたむろするのは学校のある本郷や神田であり、寄宿舎なども近くにあった。全体に私立学校の書生のほうが目立ったという。とにかく学校の数が多かったので、書生の態度も大きかったらしい。小さな不満でもすぐに在学の学校をやめて、別な学校に転校していた（『明治大正見聞史』生方敏郎）。

こんな具合だから書生の中にはとにかく根拠もなく、ナポレオンとかワシントンなどの名を上げて、やがて自分が天下を取るのだとオダをあげる者も少なくなかったというのだ。明治三十年代になると学生といった言い方もされ、学生同士の喧嘩、あるいは「アップ」という語で、万引きが流行ったり、それなりに風俗面でも問題が出てきていた。学生の喧嘩も各地の方言丸出しで、それ自体名物だった節もある。

前出の生方書によれば、薩摩出身の学生が怖がられたのだとか。西郷隆盛、大久保利通を失ったものの、当時は薩長政府であり、また取締りにあたる警官に薩摩出身が多く、薩摩出身の学生は「謂わば官許不良少年」（同書）だったという。彼らは命知らずで、「その一人を敵とすればことごとく団結して来て復讐する」ことは学生の間では広く了解されていたそうだ。

当時の喧嘩はナイフとか短刀などを振り回すことはなかった。だから怪我をすることはなかったのである。方言丸出しで言い合いをして、素手で二、三回殴り合い、そして素早く逃げ去るという、そういう喧嘩だった。

もっとも中には地方の名門（大名家につながったり、有力家老の息子など）の血筋を引く者の中には、短刀を振り回したり、暴行事件を起こす者もあったという。つまりはわがままで乱暴者、誰もが近づかないために、友達もできずに学校をやめていくことになるというのである。

生方は明治十五（一八八二）年生まれ。その彼が早稲田を含めての八年間の学生生活で、「近代的不良少年」と思ったのはたった一人だという。中国地方の大名の流れをくむ華族の御曹司。学生の間ではどんなタイプか興味津津だった。おぼっちゃんらしい顔をしているとはいえ、乱暴者だったという。白鞘の短刀を抜いてみせる。言葉使いも華族らしくない。挙げ句の果てに、「自分がかつて中学を退学させられたのは人を殺したためだ。なあに一人や二人殺したって、我々に警察などが何ができるか」と言い出した。

実際に一カ月もしないうちに退学になったそうだ。短刀で脅かして強姦事件を犯したのだとか。明治三十年代はまだ薩摩、長州の有力者の子弟や華族の子弟には警官もなかなか手出しができなかったという。彼らには近づかぬほうがいいということであろう。彼らの前からは早く逃げ去るのみが賢明ということか。

逃げてはいけない、その地にとどまって死ぬまで戦え、それが昭和陸軍の命令であった。兵士たちは補給も絶えた地で、ひたすら戦った。最後はアッツ島、ガダルカナル、グアム、テニアン、サイパンと次々にバンザイ突撃で死んでいった。逃げるのは卑怯というわけだが、はたしてそうだったのか。

東京の大本営の参謀たちは、暖衣飽食をして、「死ぬまで戦え」と命令しつづける。それがいかに理不尽なのかを考えようともしない。太平洋戦争は敗れるべくして敗れたといっていいだろう。この教えは戦後日本の道徳律となった。

「逃げるが勝ち」という格言は、実は何にも増して真理であると戦後まもなくの小学校の時に、先生に聞かされた。なぜなら逃げないために大怪我をしたり、二度と回復しない傷を負うのであれば、それ自体無駄なことと、その先生は言った。私たちの世代はすぐに逃げた。民主主義とは逃げること、と教わった。正しいかもしれないと老いた今、ふと思う。

十八　戦後の、裸の王様たちよ

——体がゆらゆらするのを感じた（開高健）

進歩的知識人の偽善

近代日本の最大の偽善とはどのようなことを言うのだろうか。昭和史に限ってもいいのだが、その光景とはどんな絵柄であろうか。

私の見るところ、昭和二十年八月十五日に太平洋戦争が終わり、新しい時代が到来した時にそのような光景はいくつか演じられたのではないかと思う。例えば戦後のある時期に良心的だと評されている教育評論家の書いた自伝を読んだ時に、なるほどこういう人たちが戦後の進歩的知識人というのかと思った。

彼は戦前、戦時下に徹底した皇国史観の教育を行なったそうである。旧制中学生に天皇のために死ぬことを説いた。それだけではない。少年飛行兵の募集時には、生徒の家に行き、お国のために尽くせと説得した。教師には割り当てがあり、それをこなすのに必死だったのである。そして日本は戦争に負けた。この教師は反省する。

自分は教育者として何と恥ずべきことをしたのか。新しい時代の民主主義の世にあって、どの面下げて教壇に立つのかというのである。しかし考え直す。いや、これからは戦争に反対する教育現場の先頭に立って働こうというのであった。つまり昨日と今日はまったく一変したが、掲げる目標は変えて、一生懸命に生徒に接しようというのであった。戦後派良心の代表とはこういう例を指すのではなかったか。

ある新聞記者がいた、戦時下には軍の提灯持ちだった。いや軍が期待するよりも華々しい記事を書き続けていた。敗戦と同時に反省する。何と恥ずべきブンヤだったのか。そして田舎に退き、民主主義万歳の新聞を発行する。良心的ジャーナリストと評されている。

ここでは二人の例を挙げたのだが、これらの例は私には偽善の最たるものに思えるのである。妙な表現になるが、どんな時代になろうと常に「正義派」の側に位置して、生きていくタイプである。表向き誰も反対できない。しかしその言い分はまさに裸の王様ではないだろうか。

開高健の小説「裸の王様」は、昭和三十二年下半期に第三十八回芥川賞を受けている。

開高が二十六歳の時の作品である。私はまだ高校生だったが、読んだ記憶はあるが、印象に残る作品ではなかった。難しいというより、作品の中に登場する人間の姿がまったくイメージできなかったのである。

しかし老年期に入って再読した時に、主人公（子供相手の画塾を開いている）の心理や大田太郎という小学生の家庭環境やその両親の心理などが十分に理解できた。この作品が芥川賞をもらったのは、大人の社会の偽善があからさまになっているからであろう。

「噴水のような哄笑の衝動」

開高健の「裸の王様」は、絵具会社の社長の子供（小学生）が主人公の画塾に習いに来る。友人の教員の教え子で、やはりその友人も絵が専門の教員である。子供は主人公の画塾に来ても絵を描かない。じっとしているだけだ。家庭も複雑な感情で結びつく両親と子供の関係である。主人公はその子供と遊びを通じて心がかよいあう。

一方でこの子供の父親は、デンマークのある機関と連絡をつけ、アンデルセンの物語の挿画を描くことによって、両国の子供たちの交流を図る計画を進める。同時にその絵を通して、子供たちの心理も研究しようとの意図もあるが、絵具会社の社長は自社の絵具の販売拡大を狙うだけだ。開高はこの作品でさまざまな面を打ち出しているが、アンデルセンの「裸の王様」の話を聞かせた後に、子供は意外な絵を描くのである。開高の筆は次のようにある。

「越中フンドシをつけた裸の男が松の生えたお堀端を歩いているのである。彼はチョンマゲを頭にのせ、棒をフンドシにはさみ、兵隊のように手をふってお堀端を闊歩していた」

主人公は、この絵を見て納得する。この子供は自らの殻に閉じこもっていた鬱屈の時を脱出したのである。同時に自分を含めてといっていいのだろうが、大人たちの偽善を見抜いていることがわかって来る。主人公は、「その意味をさとった瞬間、ぼくは噴水のような哄笑の衝動で体がゆらゆらするのを感じた」というのである。

私たちは偽善の光景や権力者に阿諛《あゆ》追従《ついしょう》する姿を見た時、まさに「噴水のような哄笑の衝動」を自覚していることにも気がつくのだ。

この作品は偽善を告発する形の社会的光景が実に鋭く書かれていて、私はまさに読み終えて、体がゆらゆらするのを感じたのであった。前述の教育評論家と新聞記者の姿を見る時も、何やらその狡猾な計算に呆れて体がゆらゆらするといってもいいのではないかと思うのだ。戦後の、裸の王様たちよ、ともつぶやきたくなるのである。

戦時下というのは、軍人の天下である。俺たちのいうことを聞けというのが常套句だ。その言は極めて不遜で、戦っている俺たちが主役なのだと、徹底して無理を通す。その姿がまさに裸の王様なのである。例を挙げよう。昭和二十年一月に西條八十作詞、古関裕而作曲で「比島決戦の歌」が発表された。この中に「いざ来い　ニミッツ　マッカーサー　出てくりゃ　地獄へ　逆落とし」という何とも品のない一節がある。西條八十ともあろう作詞家がこんな表現をするだろうか、との感想が湧く。これが戦時下の国民歌謡というわけだ。

戦後になって明らかになったことだが、西條はむろんこんな詞は作らない。陸軍の将校が、ニミッツやマッカーサーの名を入れろと命令する。西條はとんでもないと譲らない。あまりのしつこさに、西條は「レイテは地獄の三丁目　出てくりゃ地獄へ逆落とし」と直したのだという。ところが陸軍側が勝手に、「ニミッツ、マッカーサー」に直してしまったそうだ（塩澤実信『昭和の戦時歌謡物語』）。西條の汚名は今にも続いていることになろうか。

本来なら陸軍の軍人たちのセンスのなさ、つまり裸の王様といった誹《そし》りは軍の体質にいかねばならないのに、西條がそういう誇りを受けるのは何ともかわいそうだ。大体、戦時下の軍のやること、なすこと、そのすべてが裸の王様そのものである。

戦果を伝える「大本営発表」は、嘘と誇大の代名詞だが、戦時下では国民は信じさせられた。戦時中に旧制中学の生徒だったAさん（戦後は大学教授）は、熱心な皇国少年だった。

彼は毎日この発表を聞いて、日本軍はアメリカ海軍の艦艇をどれほど沈めたかを計算しては、ノートに書き込んでいた。実はアメリカ海軍には空母が何隻、駆逐艦が何隻と、太平洋艦隊の戦力がかつて報道された時に知っていた。ところが大本営発表の数字を足していくと、太平洋艦隊の戦力をはるかに上回ってしまう。

「大本営発表は嘘を言っているのではないか。だって大本営発表を聞くと、アメリカ海軍は全滅しているのに、なぜ日本が勝っていないの」と彼は大人たちに質したそうである。誰もが、そんなこと心配しなくていいと言い、口に指を当てて、そういうことは口にしてはいけないと震え声で制したそうである。

日本が負け戦に入っていることは、昭和十九年のある時期からは誰もが知っていたのだ。知らないと思っているのは、大本営報道部の将校、あるいは軍事指導者たちだけだったのではないか。まったくのところ、裸の王様が軍服をまとわず、まさに裸で戦争指導を行なっていたのだ。お笑いである。

回避性タイプの横行

精神科医の著した書（岡田尊司『人格障害の時代』、二〇〇四年刊）を読んでいたら、大人と子供の違いはなんだろうとの問いかけを発しつつ、「我慢ができない。順番が待てない。黙っていられない。自分だけよければそれでいい。悪いことは他人のせいにする。周囲の迷惑より、自分の都合を優先する。そういった、幼稚園や小学生の頃に身につけておくべきことが守れない大人が増えている」との表現に出会う。確かにそうだな、と実感する。

著者に言わせると、実は今の大人はいつまでも子供でありたいと望んでいて、その結果、本物の子供より、金と知恵と力を持ち、「怖いもの知らずで欲張りの、大人の姿をした子供」の社会を形成しているというのだ。これらの心理構造はそれ自体、「人格障害的」であると言えるのだそうだ。その上で妄想性人格障害（シェイクスピアのオセローにみられるようなタイプ）、演技性人格障害（マドンナのようなケース。実はその成長期に因があるタイプ）などいくつかの障害の症状を挙げ、具体的にどういう形で社会に存在しているかを説いている。

こういう形の中に、回避性というタイプがある。失敗や傷つくことを恐れ、行動や決断を避けるという。これは私見だが、今の社会は全体に回避性タイプが多いのではないか。つまり他人が裸の王様であろうが、そんなことは知ったことではないと自分の殻に閉じこもるのである。裸の王様を見抜くことさえもできなくなるほど、他者への関心が薄くなっているような感さえして来る。

かつて裸の王様自体は、演技性人格障害であり、それを見抜くのは誰にもできた。しかし今は、それぞれの生き方は自由であり、裸の王様であることも十分に商業性を持つ時代になったと思えるのだ。

客観的判断から主観的願望へ

戦時下社会は分析すればするほど、偽善が横行していたことがわかる。負けているのに勝っているとの国家的キャンペーンから日常のモラルまで、その全てが偽善化していた。その結果、どうなるか。麻痺状態になるのである。客観的判断が失われ、主観的願望が社会の常識になる。まさに妄想性人格障害そのものの症状になっていく。勝っているというけど、本当は負けているという奴がいる、自分のそばにスパイがいる、果ては他人は皆本当は負けていると思っているのではないか、と権力者の間でも疑惑が支配していくのだ。

実は戦争の怖さは、そういう人格障害的な空間になり、そこに生きることはなんらかの病理的な現象を伴うということである。

太平洋戦争の末期、日本が客観的には敗北の状態にあるのに、「神国日本が負けるわけはない」とか「今に神風が吹く」と叫ばなければ非国民とされた。幼子《おさなご》が強い風が吹くたびに、「ああ神風だ」と叫んだために、親が官憲に注意されたという話など、まさに「裸の王様の時代」ということが裏づけられる。

独裁政権下では独裁者が裸の王様になることは、珍しいことではない。周辺は追従、甘言、麗句のオンパレードなのだから、白が黒になっても不思議ではない。そこで密かに小話やら風刺ばなしが広がることになる。スターリンの独裁下でこんな小話が流行った。

ある酔漢が赤の広場で、「スターリンの馬鹿野郎」と叫んだそうだ。すぐに逮捕される。「この国では酔っただけで逮捕されるのか」。当局は、「いやお前は国家機密を漏らしたから」と答えたそうだ。

これなど庶民のせめての憂さ晴らしと言えるのではないか。ところが戦時下の日本ではこんな小話が育たない。なぜか。日本人にユーモアのセンスがないからとも言えるのだが、せいぜい東條のハゲ頭にハエが止まって滑り落ちたという程度だ。風刺にもなっていない。

中国の古典（『文選　詩篇六』）に触れていたら、数詩なるものの存在を知った。奇数句の頭に一から十までの数字を織り込んで、詩を作るのだ。そこに西暦四〇〇年代の明遠なる詩人の数詩が収められている。都に出て出世していく男の要領のいい人生が語られる。

ところが最後の二句で、「十年経っても学問が成就しない己の身で宮仕え、お上手な者は栄達していく」とジェラシーが歌われる。なんのことはない、偽善を批判するのに嫉妬心むき出しではシラジラしくなるということだ。裸の王様を笑うには、こちらにも覚悟が必要ということになろうか。

十九　国家意思そのものの涙で現実を知る

――私は何故か涙ぐんだ（泉鏡花）

生きとし生けるものへの感傷

老いは着実に人を変える。些細なことに苛立つような変わり方をするとか、逆に少々のことには動じなくなり、喜怒哀楽の感情が鈍くなったり、人さまざまである。私はどうかといえば、自分で理解している限りでは妙に涙もろくなったように思う。感傷的というべきだろうか。

泉鏡花といえば、私はさほど馴染んだ作家ではなかった。十代から二十代の初めには乱読の時代があるが、そんな時も読んだことはない。ところが七十代に入って、青年期に読まなかった作家の作品に意図的に触れて、意外なほど感銘を受けた。『高野聖』『歌行燈』に『一之巻』など一連の作品を読み、こういう作家は老いて読む方が含蓄があるとの実感を持った。

ここでは短編の『二三羽――十二三羽』を取りあげてみた（昭和初年代の改造社版）。主人公夫婦と雀の話である。雀の生態を見つめる夫婦の心理や、その親雀の子に対する愛情に心が打たれるといった表現が何度か語られる。

ある雪の朝、コタツから見ていると目白鳥（メジロ）が一羽飛んできて、寒椿の花の周りを飛ぶ。そこへいつもの雀たちがきて花をついばみ、仲間同士で追いかけたりしている。目白鳥もそこに加わる。雀たちは仲間内では争いじみた追いかけっこをするのだが、目白鳥には敬意を表して、おとなしくやさしく接する。目白鳥は不思議そうにそれを見つめている。

その光景を見ているうちに、主人公は「何故か涙ぐんだ」。この小鳥たちの今の心の安らぎに打たれたのである。これは大正十二年九月一日の関東大震災の後に書かれた作品だ。

この作品に触れる前のことである。私は仕事部屋の窓のシャッターを夕方には閉めるのだが、レールの上でバッタが一羽おとなしくしている姿が目に入り、そのバッタが庭の草の中に飛ぶのを待ったという体験があった。以前ならば何も考えずシャッターを下ろすだけのことで、バッタは勝手に飛んでいくだろうと思っていた。

しかしこの時は、不意にじっと耐えているかのようなバッタの姿に惹かれたのである。私はバッタが飛んでいくのをいつまでも待っていた。そんな体験をした時に、まさに不意に涙が出てきたのだ。「生きとし生けるもの」という語が浮かんだ。

もう十五、六年前になろうか、五十人ほどの市民講座で話をしている時に、たまたま質問を受けることになった。一人の高齢者が、戦場での悲惨な光景を語った。質問ではなかった。彼は戦友が死に、自分が生き残っていることの苦しさを訴えた。その苦しさを知ってもらいたいというのであった。

講座が終わった後に、別な高齢者が控え室に私を訪ねてきた。「先ほどのあの方の話は嘘ですね。ああいう話をして自分の今を肯定したいのです。戦場体験者にはああいう方が時折いるんです」というのであった。自分が生きてきた姿、そして今生きているその姿、その確認を求めて作話という形での自己告白がある、とも語っていた。私はなるほどと思った。その上でこの高齢者は、普通はああいう方は涙が必ず伴いますと言ったのである。

「でもあの方も嗚咽寸前という状況でしたね」と、私はかの人物が涙を拭いたのを見ていると伝えた。ただし、老いの涙は作話の上にあるというのが事実、という側面もあるように思う。

近代への異議申し立てとしての自死

自裁死を選んだ評論家の西部邁とは、少年期のある時期に私は通学を共にした。学年は彼が一年上だったが、私は彼からいくつかのことを教わった。その一つが、涙の意味であった。

彼は泣かないことを自らに課していた。お互いに古希の年齢に達した時に、二人で午後の六時から深夜まで六、七時間、あれこれと話し合ったことがあった。これまでの来し方を語り合ったのである。その時、私は彼が涙ぐむのを初めて見た。妹の交通事故について話した時であった。自分の不注意だったんだよというのだ。僕が道の外側を歩くべきなのに、内側を歩くなんてと繰り返した。

いつもそうであるように、西部とは少年期のある思い出を共有していることもあり、会えば話は弾んだ。やはり古希の頃だが、二人で話している時に、「自分の老境の夢は大きな田園の真ん中に四阿《あずまや》があり、四方の隅々に三人の友人がいて昼頃にゆっくりと四阿に集まるんだ。そこで気楽な話題で、日がな一日ゆっくりと談笑するんだ。どうだ、楽しいだろう」と言った。西部はそういう晩年を望んでいたと思う。そんな話の時の西部はまさに好々爺然としていて、屈託のない表情であった。

私は西部の自決は近代への異議申し立てだと思っているので、その心中にはさまざまな葛藤があったと思っている。そういう西部との会話が思い出されると、私は涙が出てくる。「保阪くんはいいなあ。ノンフィクションっていうのは、毎日風景が変わるんだろう」と興味深そうに尋ねた。「僕なんか来る日も来る日も、論理をこね回しているだけ」と自嘲気味に呟く。「ではノンフィクションを書いてみれば」と促した。そうして書いたのが高校時代の友人を書いた『友情』であった。ときどき「こういうことはどうして調べればいいのか」との電話があった。

昭和二十年八月十五日の敗戦の日、玉音放送を聞いて人々は泣いたという。この泣く様子を細かく書いているのが、当時情報局の総裁だった下村宏である。その日、天皇を始め閣議に出席している各閣僚、それに職員まで全員が涙を流すのがまさに国家意思そのものであった。むろん軍人、官僚、新聞人などとにかく次から次へと涙を流す。いわば嘘泣きでも良いから泣きなさいというのが、敗戦時のファッションだったように理解されている。

奇妙な風景である。

戦争に負けた後の涙は一体どう理解すれば良いのか。私は二つの理解をすることで、実はこの涙は日本社会が近代化するための通過儀礼のようなものだったと言っていいように思う。

戦争に負けるというのは自己否定と考えていたのだ。自分が全否定された時、人は泣く以外に方法はない。なんのことはない。自立精神に欠けているという意味になる。もう一つは、戦争に負けるというのは自分たちの作ってきた神話が崩れることだ。この場合の神話とは、不敗日本、神国日本、あるいは世界に冠たる帝国、そんな神話がまるで根拠もなかったと実証された。現実を知るのが怖いのである。

つまり現実をありのままに知った時に、人は泣く以外に方法を持っていないのだ。そして再び神話を作る。その神話が解体するまで、また涙を意識しないでいることになる。再び作った神話とは、経済大国日本という語に仮託されている日本人の団結力とか英明さである。やがてそれが思い込みと知った時に、次の涙が私たちを襲うことになるに違いないのだ。

男子が本当に泣かなければいけないのは、信念のために生きる姿を見た時だ。いささか古典的な話になるのだが、昭和十九年二月、毎日新聞の新名丈夫《しんみょうたけお》が「竹槍では間に合わぬ。飛行機だ、海洋航空機だ」と書いた事件の中にそれを見出す。この記事に激昂したのが首相、陸相、そして参謀総長を兼ねたばかりの東條英機であった。折から陸軍は本土決戦を考えると言い始め、国民に竹槍訓練を始めていた。それに真正面から異議を申し立てた記事であった。東條は記者の処分を要求したが、毎日側はこれを拒否して対抗した。むしろ新名記者には局長賞を出している。東條も情報局も、毎日の廃刊を企図して次から次へと圧力をかけてきた。

こんな時に日頃は目立たない社員が困惑している新名を、密かに励まし続けていたのだ。言論機関の役目が果たせないなら潰れてもいい、という社員は多かった。妻子を抱えて路頭に迷う事態になっても、新聞の役目が果たせないなら潰れてもいいとの声に、新名は涙を流し続けた。人には最後の譲れぬ一線がある、そこだけは守る、守らなければならないというときは涙を流すというのが、日本社会の定番だったのであった。

二・二六蹶起書から削られた一文

二・二六事件についてはもうあらかた資料が発見されて、今は新たなものはほとんどない。そう思っていたら最近になって、海軍がこのクーデター騒ぎの際に相当詳しく情報を収集し、その動きを追っていたことが史料によって裏付けられた。あるいは個人の段階の回顧録などが出て来ることがある程度にとどまっている。私自身、五年ほど前に参加将校のひとり（事件当時は予備役）であった被告（山本又）の日記が発見され、これを編者として編んだことがあった。

その日記を読んで私は意外なことに気がついた。蹶起趣意書の一節を変えたというのであった。蹶起の前日、村中孝次や磯部浅一らとの読み合わせで、我々は覚悟の上の行動だが、「遺族を餓えで泣かせることのないように」との一文がはいっていた。遺書ともいうべき趣意書にこういう一節があるのはおかしいと議論になり、つまりは割愛することになったというのであった。その上で、山本は書いている。

「慈悲は一人前の男子の心である。骨肉の恩愛は昔から立派な男子の涙である。女々しいと笑うな。古来、国家の大事のためには肉親の情も顧みない行いに、骨肉の恩愛の涙を流さない男がいたか」

さりとて今となっては家族を飢えさせないでくれというのは、やはり女々しいのではないかというのが、村中、磯部、山本らの結論となった。それで蹶起趣意書からは落とされたというのであった。確かにこの一節が入っていたなら、二・二六事件を語り継ぐ姿勢も変わったのではなかったろうか。この事件の裏側では意外に人間くさいやりとりも行われていたとも言えるのである。

泉鏡花は尾崎紅葉の弟子である。ところがこの師弟関係は私生活にまで及ぶ。尾崎は鏡花の結婚相手が全く気にいらないのである。嫁を選ぶか、師を選ぶか、と鏡花は詰め寄られている。それで表面上は別れた形をとったりもしている。二人は尾崎が亡くなってから、正式に所帯を持った。明治期の文壇も意外な形で涙物語を抱えているということか。

自称天皇の証明者の涙

もっとも敬愛する人から慰めの言葉を受け取って、涙を流すのは日本人のもっともありふれた光景である。戦争終結直後に何人かの自称天皇が現れてメディアを賑わせた。いずれも南朝の天皇と称していた。

こういう自称天皇は大体が名古屋周辺に住む一人の老人によって、あなたは南朝の第何代の天皇であると認証されているのが特徴であった。もう三十年ほど前の話なのだが、私はこの老人を訪ねたことがある。素朴で実直な農民であった。人生の大半を南朝の研究に費やしているという。人のいい老人であの天皇もこの天皇も、つまり自称天皇は私が証明したというのである。

むろん学術的にはまったく問題にされていない。この老人に私が興味を持ったのは、南朝天皇をこの人物が作り上げ、そして仲間内ではそれが信じられているという奇妙な心理であった。戦後、アメリカのメディアで紹介され、世界的に有名となった熊沢天皇も、この老人が何やら様々な系図をもちだして、意味づけをしたと自負していた。取材の折りに、私が「あなたはなぜそういう、人からはいい加減と言われていることに一生懸命になるのか」と半ば揶揄《やゆ》するように言った時、彼は不意に涙目になった。これまでの人生で、このように言われ続けているに違いなかった。「私は南朝の研究では日本一だと思っている、君、失礼だよ」と言われて私の取材は終わった。

戦争終結直後に、これからは南朝天皇の時代だと、闇金業者や得体の知れない人物が自称天皇の時代を作ろうとした。この時にこの老人は徹底的に利用されたのだ。詐欺師たちが昭和二十年には跋扈《ばっこ》していたのである。老人の涙はそのことに対する悔しさも含んでいたのだろう。

私はいろいろな涙を見たが、この老人の目に溜まっていく涙に、奇妙な事柄に取り憑かれた人物の悲しさを見たように思う。そういう涙はそれまで、そしてそれ以後も見たことはない。

私には彼の涙を冷たく見ていた記憶だけが、今も残っている。

二十　主観と客観、国家にも二つの死がある

――痰一斗糸瓜の水も間にあはず（正岡子規）

逃れられない記憶

正岡子規の年譜を眺めるのは悲しい。この才人がもっと命を長らえたなら、もっと多くの句を読んだに違いない。いや多くの随筆も残し、夏目漱石などにもさらに刺激的な言辞を与えたのではなかったか。私は子規という語は、単なる固有名詞ではなく、近代日本の普通名詞だと解釈している。少なくとも近代人の要件である自我、自律の精神を持続させた市民だからだ。

この「痰一斗糸瓜《へちま》の水も間にあはず」は、明治三十五年九月十九日未明に病死した子規の最後に作った三句のうちの一句である。結核の症状が死に直結していく時の句である。

その意味するところは、糸瓜の水は、結核に効き目があると言われていた、結核患者

として痰を大量に吐く、糸瓜の水をどれほど飲んでも間に合わないというのだろうが、さらに深く読むならば、もう私の状態は、糸瓜の水を飲んだとしても、命を長らえるには間に合わないと悟ったようにも解釈できる。私はこの解釈が好きで、子規は最後に力を振り絞りこの句を自らの筆で書き残した上で、この世との別れを告げたのである。

死の時間が刻々と近づいてくる時、子規の心にはどのような思いが宿っただろうか。三十四歳という若さ、死はあまりにも早すぎるのだが、それだけにその心中に入り込むと私には言葉がないのである。結核は近代日本では「不治の病」であった。昭和三十年代までそう言われていた。それがペニシリンの開発などで徐々にそのレッテルが外されて、栄養を摂り、体を休めていくと自然に治癒するなどと言われることになった。

私的なことになるが、私の父方の祖父は明治末期、大正期に横浜で医師だったが、結核の治療に努めていた。しかし家族に結核が持ち込まれ、父の母（私の祖母）、姉、兄、弟が大正十年までに病死した。そしてその祖父は関東大震災で亡くなった。父は終生、「結核」と「横浜」に怯えた。七十代の半ばで肺がんを宣告された時、医師と私たち家族は、がんと伝えずに結核と嘘を伝えた。しかし父は、がんよりも結核の方が怖かったのである。異様なほど取り乱した。そして、「がんの方が良かった」と言った。

人は記憶から逃れることはできない。子規の「痰一斗糸瓜の水も間にあはず」という句をつぶやいていると、痰を吐く子規の胸中に、糸瓜とはむろん糸瓜そのものを指すわけでなく、糸瓜に自らの希望、仕事、そして人生そのものが仮託されていることに気がつく。死にあたって、記憶そのものが子規の心中には現れていて、果てしなく循環していたとも解することができる。私は、この句の「一斗」という絶望的な表現に触れて、父の一族の無念や悔しさを感じて面《おもて》を伏せるのだ。

「戦」を死語とした国民性

この句に触れて思ったことを、もうひとつ別な角度から触れておきたい。

日本とアメリカの交流史を見ていくと、昭和という時代の交流は決して戦争に直結するものではなかった。昭和の初め、日米関係は極めて良好でさえあった。一例を挙げれば、昭和四年十二月から五年五月まで駐日大使を務めたのはウィリアム・キャッスルである。彼はアメリカの外交官としては大物であった。アメリカに戻ってからはフーバー大統領の元、国務次官を務めている。そのキャッスルが日本を離れる時に、昭和天皇と陪食している。通訳にあたったのは宮内省御用掛でもあった外務省の澤田廉三で、その時のやり取りが記録されている（保阪正康責任編集『昭和史講座』ブックレット）。「折角日本に慣れられたる矢先帰国なさるるは残念なり」と天皇は伝える。キャッスルは次のように答えている。

「自分が幾千か日本を理解したるが故に、今帰国することは一層日本のためにも何か奉公をなしえべしと信じおれり。即ち国務省に帰りて日米関係問題を処理するに当たり、（略）陛下の言葉誠にありがたし。自分の生ある限り、陛下のご親切なる御心持ち決して忘れざるべし」

昭和天皇は食事の折、キャッスル夫人が日本の庭園に関心を持っていると聞き、すぐに皇居の庭園を見て欲しいと便宜を図っている。こうしたやり取りは、アメリカのホワイトハウスと天皇の間に感情的に良好な関係があったということである。もっと具体的に指摘するなら、両者の間には記憶を媒介にした親しい感情の交流があった。それが「野蛮な勢力」（太平洋戦争開戦時の駐日大使ジョセフ・グルーの表現）によって壊されたというべきであった。

再度、子規に戻るが、彼の著作の中には、少年期から体が弱く結核の症状に悩まされてきただけに、病、死、それにお墓の話が心のままに書かれている。そのなかには短い単語で千の重みを持つ表現が多い。それだけ子規は自分の言葉で生きることを自らに命じていたのであろう。死の前年、明治三十四年の一文だが、「冬になって来てから痛みが増すとか呼吸が苦しいとかで時々は死を感ずるために不愉快な時間を送ることもある。しかし夏に比すると頭脳にしまりがあって精神がさわやかな時が多いので夏ほどに煩悶しないようになった」と書く。これほどまでに冬が良いと書いた文章を、私は知らない。

それに倣うわけではないが、よく「冬の時代」と言った例えが用いられる。要は耐える、あるいはじっとやり過ごす、と言った意味である。私は近代日本を夜明けにたとえ、江戸期を「冬の時代」と総称する論者に反感を持っている。江戸時代は確かに封建社会だが、しかし日本人の国民性の良質な部分もこの期に作られている。何しろ二百七十年間、ただの一度も国家は対外戦争をしなかったではないか。「戦《いくさ》」という言葉を死語にしてしまった。戦の手段（武術）を人格陶冶の手段に変えたではないか。

民衆の知への渇望はすさまじい。信濃国の名主の残した「見聞集録」という十九世紀半ばの記録によると、一部の老人を除いて読み書きのできない大人はいなかったそうだ。隠居した僧侶や漢方医に手ほどきを受け、素読ができるようになっていく。年季で働く奉公人でさえ夜は自主的に漢書を読んだという。慶応三年に日本に来たドイツのお雇い外国人が著した書『日本中国旅行記』では、日本の教育水準が讃えられている。
幕末に浦賀にやって来たペリーは、下田などで多く書物が売られているのに驚いたと書き残した。こうした国民性はむろん「武より文」を尊ぶ精神から発せられたというべきであろう。それがなぜ近代の軍事において失敗を繰り返したのか、私たちは改めて検証する必要がある。

思えば私たちの国は近世の三百年近く、「戦《いくさ》」と縁を切って来たことは、この国の歴史にどのような像を刻んで来たのか、を確認する必要がある。私の見るところ、そういうとすぐに反戦とか非戦とかいう論に結びつけられるのだが、ことはそれほど単純ではない。私は、正岡子規の「死」についての考察、さらには蔑まれて来た俳句に自らの表現意欲をつぎ込む覚悟、つまり自らの人生の中で出来得ることは何かを求めた、その姿に強く惹かれるのである。

子規が酒飲みであったか否かは、私は知らない。彼の書いた短文の中に「酒」がある。学生時代に翌日は三角術の試験だというので、サイン、アルファと勉強をしていたそうだ。仲間が「酒飲みに行こう」と誘って来た。いつもの神保町の酒屋でラッキョを肴に正宗を飲んだそうだ。飲みすぎて足がふらつき、自室に戻ったら試験勉強など及びもつかない。翌日の試験は百点満点の十四点。「余り例のない事だ。酒も悪いが先生もひどいや」と書いている。最後のこの一文が面白い。

明治期、大正期は酒での無礼講、あるいは羽目を外すことに日本社会は寛容だったらしい。子規の「先生もひどいや」というのはそういう甘えの延長なのかもしれない。過度な飲酒は、労働意欲の減退、青年の発達期の体力劣化、社会道徳の退嬰などにつながる。そこで大正十二年九月の関東大震災の後、「九月一日は酒なし日」に改めようとの運動が起こったという。ところが、では残りの三百六十四日は酒を飲んでもいいのか、との論が起こったそうである。逆効果ではないかとの声が広まった。

禁酒運動と共同体のしきたり

民俗学者の柳田国男の書(『明治大正史』)によるなら、酒を毎日飲むのは古い作法ではなく、日本の伝統的なしきたりではなかったというのだ。「以前は明らかに悪癖の一つに算《かぞ》えられ、今でも養生とか慰安とか、訊かれもせぬ弁疏《いいわけ》をしている者が多い」と書く。

幕末に日本にやって来た外国人は識字率の高さに驚くと同時に、反面で酔っ払いの横行に驚いたらしい。自分たちとは酒の飲み方が違うというのだ。そこで禁酒運動などを起こそうとなるのだが、柳田国男は、「全体に今日までの禁酒運動には、この近世の悪癖を指摘する考えは少なくて、ぜひとも数千年の国風と闘わなければならぬような、無用の勇敢を必要と認めたために、かえって背負い投げを食わされる場合が多かった」と書いている。単に目の前の酔っ払いを見て、禁酒運動など進めても無理、というのである。

柳田によるならば、共同体には必ず地酒の伝統があり、幕府が禁じたとしても密かにその伝統は守られて来たという。加えて酔うならなんでもいい、飲んでみようという庶民はいつの時代にもいた。やはり柳田の一文を引用して、酒飲みはいつの世にも決してなくならないとの御託宣を確認しておこう。

「酒が飲む者を忘我の境に誘うことは、近ごろ始まった悪徳でもなんでもない。近ごろ始まった現象は居酒と独酌と酒宴の連続、それから酒が旨くなりまた高くなったことと、国家が小民の何を飲んでいたかを、ついうっかりと忘れてしまったこととである」

柳田は名文家でもある。ところが酒飲みについて触れる部分では、文章は回りくどい表現になる。「酒」が主語になる文章では、意外にも柳田先生も酒を飲みつつ書いたのかもしれない。

先達の残した文化的遺産

子規の絶筆の糸瓜三句、他の二句は、「糸瓜咲て痰のつまりし仏かな」「をととひのへちまの水も取らざりき」である。どのような解釈ができるか、もとよりそれぞれの感性に託されているわけだが、私は糸瓜を命と解すれば、この三句に子規の死生観が読み取れてただ瞑目するだけである。私は子規の一連の句を、昭和三年五月一日刊の改造社版（現代日本文学全集、第十一編）から引用している。この編は正岡子規集なのだが、年譜の明治三十五年の項には、「九月十九日未明（午前一時）寂。東京市外田端大龍寺に葬る」とある。死には主観的死と客観的死があるといっていた子規は、まさにその合体となって眠ることになったのだ。

個人の死にも主観的と客観的があるならば、国家にも二つの死があるといっていいであろう。太平洋戦争そのものの敗戦に至るプロセスにそれが窺える。私はこの戦争下での日本軍の戦いは、なぜ戦争をしたのかとか、戦争は政治の最悪の手段だなどという論で語る以前の問題を抱えていると思う。前述したように、日本は近世の三百年近く

「戦《いくさ》」を体験していない。それ故に戦争の現実の知恵は持っていない。

つまり日本には、主観的にも客観的にも「戦《いくさ》」は存在していなかった。太平洋戦争は主観的には戦争だと思って軍事指導者は始めた。だがそうだったか。

昭和十八年に陸軍の教育総監部が国民向けに刊行した『皇軍史』という書を読むがいい。「大東亜戦争を戦っている我々はなんと幸せなのか」と陶酔の筆で書いている。今我々は神武天皇という神の元で戦った神兵たちと同じ次元にいるのだという。神国日本の神兵、それをこの書は執拗に説得する。幕末、江戸時代、そしてそれ以前の戦国時代、そういう時代に生きた武士、庶民はなんと不幸だったのだろう、彼らは天皇ではなく、大名、幕府に忠誠を誓ったのだ。それに比べて我々は神国の一員であり、神国は決して負けない、いつか神風が吹くと豪語するのである。

こういう論理とも屁理屈とも言いかねる論を用いて戦っている戦争に、客観的な判断などありうるわけはない。錯覚は論拠があればまだしも、論拠がなければ無責任や愚かと同義語である。日本軍の軍事指導者は、日本文化、日本の伝統に対する背反者であり、無礼極まりない粗忽者《そこつもの》である。

このことを私たちは再認識すべきであろう。主観と客観とのけじめさえない戦争を指導した一団は、大いに批判されなければならない。批判することによって、彼らは歴史の中に身を置く恥ずかしさを知るはずである。

私が今痛切に思うのは、私たちの先達の残した文化的遺産を己が身に徹底してたたき込むことである。それを怠った国民は、つまりは地に足のついていない遊民にしかなれないのだ。それは生まれ消えるだけの存在なのだ。子規が、糸瓜にたとえて私たちに教えたことは何か。その答えを私は考える。

あとがき

中学、高校と進むにつれ、誰もがひと通り古今の文学全集を読むであろう。そのうちに自分の読みたい書はどういうものかを次第に見つけていく。私は高校時代にはドイツ文学よりもフランス文学が面白いと思った。さらに戯曲を読む楽しさも知った。

文学作品を読んでいるうちに、作品に自分を投影したりすることもある。自分が登場人物の一員になったりするのである。そのうちに、では自分で書いてみようかとなる。大体、物書きなどというのはそういう経路をたどって作品を書くのではないか。書き進めているうちに自分はどのようなテーマに関心があるのか、あるいはどのような文体を持っているかなどが、ごく自然にわかってくるように思う。そして、そのテーマや文体を商品化していくのではないかと思えるのである。

本書はその意味ではある物書きの心情吐露と言っていいかもしれない。昭和史に題材を求めつつ、歴史のひとコマをノンフィクションとして書いてきたのだが、その過程で様々な思いを持った。その一端を本書では明かしてきた。別に訓示風に語るつもりはないのだが、老いての筆はそうなるようにも思えて、自戒しつつ書いた。『新潮45』と『波』での連載を本書には収めている。一部を加筆、補筆した部分もあるが、基本的には連載時のままである。

連載にあたっては、現在、文庫出版部の土屋眞哉氏が担当してくれた。雑談の中から多くの示唆を受けた。改めて感謝したい。本書刊行には新書編集部の阿部正孝氏の尽力を仰いだ。ゲラの点検や内容についての指摘もいただいた。謝意を表したい。両氏との仕事で得るところも多く、刊行までは楽しく過ごさせてもらった。

二〇二〇（令和二）年二月

保阪正康

初出：「昭和史の人間学」／『新潮45』二〇一八年一月号〜十月号
「昭和史の陰影」／『波』二〇一九年一月号〜十月号

保阪正康　1939(昭和14)年北海道生まれ。ノンフィクション作家。同志社大学文学部卒。『東條英機と天皇の時代』『あの戦争は何だったのか』「昭和史の大河を往く」シリーズなど著書多数。

Ⓢ新潮新書

857

昭和《しょうわ》史《し》の本質《ほんしつ》
良心《りょうしん》と偽善《ぎぜん》のあいだ

著　者　保阪正康《ほさかまさやす》

2020年４月20日　発行

発行者　佐　藤　隆　信
発行所　株式会社新潮社
〒162-8711　東京都新宿区矢来町71番地
編集部(03)3266-5430　読者係(03)3266-5111
https://www.shinchosha.co.jp

印刷所　株式会社光邦
製本所　株式会社大進堂

ISBN978-4-10-610857-0　C0221